EL GRAN LIBRO DE LA COCINA LIGERA
Paso a Paso

EL GRAN LIBRO DE LA COCINA LIGERA PASO A PASO

Edición Especial para:
Bookspan
501 Franklin Avenue
Garden City, NY 11530
U.S.A.

Impreso en U.S.A. - Printed in U.S.A.
ISBN: 978-0-7394-8362-6

EL GRAN LIBRO DE LA
COCINA LIGERA
Paso a Paso

INTRODUCCIÓN

Cada vez nos preocupa más la estética de nuestro cuerpo. Para obtener una buena figura es necesario combinar el ejercicio, aunque se practique de forma moderada, con una dieta que aun siendo ligera sea equilibrada. De esta forma proporcionaremos a nuestro organismo todos los aportes necesarios, desde vitaminas y minerales hasta proteínas e hidratos de carbono, compensando así las pérdidas producidas por el desgaste físico cotidiano.

Las recetas que se incluyen en este libro le ayudarán a conseguir y mantener una buena forma física sin poner en peligro su salud o agredir su paladar. Una adecuada combinación de las recetas le permitirá, además, alcanzar estos objetivos sin pasar hambre.

Si vive en una región elevada no olvide corregir los tiempos de cocción según la tabla de la página siguiente. El resto de tablas adjuntas le ayudarán a seleccionar los platos adecuados y a elegir ingredientes alternativos si fuese necesario.

Esta obra le permitirá, sin duda, disfrutar de los placeres de la cocina ligera manteniendo, al mismo tiempo, un cuerpo saludable y en forma.

Itos Vázquez

Itos Vázquez

CORRECCIÓN DE LOS TIEMPOS DE COCCIÓN SEGÚN LA ALTITUD

ALTITUD	TEMPERATURA DE EBULLICIÓN DEL AGUA	CORRECCIÓN POR HORA DE COCCIÓN
+1500	97º C	+3 minutos
+2000	96º C	+4 minutos
+2500	95º C	+5 minutos
+3000	94º C	+7 minutos

Nota: Estos valores son aproximados y pueden variar ligeramente debido al clima local de cada región.

TABLA DE CONVERSIÓN DE PESOS Y MEDIDAS

(Las cantidades son aproximadas, dependiendo del recipiente y del ingrediente)

1 g = 0,035 onzas	1/4 l = 8,45 onzas líquidas	1 libra = 0,450 kg
10 g = 0,35 onzas	1/2 l = 16,90 onzas líquidas	1 onza = 28,35 g
100 g = 3,50 onzas	3/4 l = 25,35 onzas líquidas	1 galón = 3,78 l
1 kg = 2,20 libras	1 l = 33,80 onzas líquidas	1 onza líquida = 0,03 l

1 cucharadita	=	5 g (aceite 4 g)	=	0,20 onzas
1 cucharada	=	17 g (aceite 12 g)	=	0,60 onzas
1 taza	=	160 g (aceite 115 g)	=	5,60 onzas
1 vaso	=	200 g (aceite 140 g)	=	7 onzas

SUMARIO

COCINA LIGERA

Cocina ligera

Para tener una visión realmente clara de lo que nuestro organismo necesita es importante conocer los tres factores en los que la medicina se basa para determinar el peso ideal: sexo, altura y estructura ósea. La edad no debe considerarse como elemento determinante, pues los expertos han llegado a la conclusión de que no existe ninguna razón por la que las personas deban engordar según van envejeciendo, si se alimentan correctamente y realizan ejercicio físico de forma adecuada. La primera tabla que ofrecemos ha sido confeccionada según las estadísticas de un consorcio de compañías de seguros. Se consideran los pesos indicados como los más idóneos para gozar de buena salud y de una vida prolongada.

Tabla 1
EL PESO IDEAL

HOMBRES (± 3 kg)

Altura	Estruc. pequeña	Estruc. mediana	Estruc. grande
160 cm	55 kg	57 kg	60 kg
165 cm	58 kg	60 kg	63 kg
170 cm	62 kg	64 kg	67 kg
175 cm	65 kg	67 kg	71 kg
180 cm	69 kg	71 kg	75 kg
185 cm	72 kg	75 kg	79 kg
190 cm	76 kg	78 kg	83 kg

MUJERES (± 2 kg)

Altura	Estruc. pequeña	Estruc. mediana	Estruc. grande
150 cm	45 kg	47 kg	49 kg
155 cm	48 kg	50 kg	53 kg
160 cm	51 kg	53 kg	55 kg
165 cm	54 kg	56 kg	59 kg
170 cm	58 kg	60 kg	63 kg
175 cm	61 kg	64 kg	68 kg
180 cm	65 kg	69 kg	75 kg

Tabla 2
CALORÍAS NECESARIAS PARA MANTENER EL PESO IDEAL

HOMBRES

Peso	18-35 años	35-55 años	55-75 años
55 kg	2.400 kcal.	2.150 kcal.	1.850 kcal.
60 kg	2.550 kcal.	2.300 kcal.	1.950 kcal.
65 kg	2.700 kcal.	2.400 kcal.	2.050 kcal.
70 kg	2.900 kcal.	2.600 kcal.	2.200 kcal.
75 kg	3.100 kcal.	2.800 kcal.	2.400 kcal.
80 kg	3.250 kcal.	2.950 kcal.	2.500 kcal.
85 kg	3.350 kcal.	3.100 kcal.	2.600 kcal.

MUJERES

Peso	18-35 años	35-55 años	55-75 años
45 kg	1.700 kcal.	1.500 kcal.	1.300 kcal.
50 kg	1.850 kcal.	1.650 kcal.	1.400 kcal.
55 kg	2.000 kcal.	1.750 kcal.	1.550 kcal.
60 kg	2.150 kcal.	1.950 kcal.	1.650 kcal.
65 kg	2.300 kcal.	2.050 kcal.	1.800 kcal.
70 kg	2.400 kcal.	2.150 kcal.	1.850 kcal.
75 kg	2.550 kcal.	2.300 kcal.	1.950 kcal.

Para mantener el peso ideal vamos a considerar que las personas realizan una actividad física moderada, por lo que si dicha actividad fuese mayor debería complementarse la alimentación y ser ajustada de manera adecuada.

Seguidamente expondremos los valores calóricos de diferentes alimentos que le ayudaran a la hora de hacer sus menús o a sustituir ingredientes en alguna de las recetas que le ofreceremos a lo largo de estas páginas. Salvo que se indique lo contrario, las calorías que se muestran son por cada 100 g de alimento limpio.

Tabla 3
LOS ALIMENTOS Y SUS CALORÍAS

ALIMENTO	KCAL.
VERDURAS	
Acelgas	21
Ajo (20 ajos)	100
Alcachofas (alcaucil)	15
Apio (celeri)	11
Bambú (brotes)	32
Batata (boniato, camote)	82
Berenjenas crudas	15
Berenjenas fritas	300
Berros	14
Brecol (brócoli)	18
Calabacín (calabacita, chauchita, zucchini)	11
Cebolla cruda o cocida	22
Cebolla frita	328
Coles de Bruselas cocidas	18
Coliflor cruda o cocida	18
Champiñones crudos (hongos, setas)	11
Champiñones fritos (hongos, setas)	271
Endibias	11
Espárragos	18
Espinacas	25
Guisantes crudos o cocidos (arvejas, chícharos)	70
Habas (fabas frescas)	53
Judías verdes crudas o cocidas (ejotes, habichuelas)	14
Lechuga	18
Lombarda (col roja)	7
Nabo crudo o cocido (coyocho, papanabo)	18
Patatas asadas (papas)	106
Patatas cocidas (papas)	85
Patatas fritas (papas)	240

ALIMENTO	KCAL.
Patatas fritas a la inglesa (papas)	561
Patatas puré (papas)	120
Pepinillos (cohombrillos)	7
Pepinos (cohombros)	11
Pimientos asados (pimentones)	140
Pimientos crudos (pimentones)	35
Puerro cocido (poro)	22
Rábano	12
Remolacha cocida (betabel)	50
Remolacha cruda (betabel)	25
Repollo crudo o cocido (berza, col)	21
Tomate crudo o asado (jitomate)	18
Tomate frito (jitomate)	70
Zanahoria cruda o cocida	25
FRUTAS FRESCAS	
Aguacate (avocado)	88
Albaricoque (chabacano)	39
Almendras peladas	607
Avellanas peladas	381
Cerezas	39
Ciruelas (claudias)	42
Coco	353
Dátil con hueso	194
Frambuesas	21
Frambuesas congeladas	77
Fresas (frutillas)	25
Granada	42
Higos (brevas, tunas)	42
Kiwi	30
Limón	14
Mandarina (tanjarina)	32
Manzana	46

Tabla 3 (continuación)
LOS ALIMENTOS Y SUS CALORÍAS

ALIMENTO	KCAL.
FRUTAS FRESCAS (sigue)	
Manzana asada sin azúcar	32
Melocotón (durazno)	35
Melón	14
Moras (frutillas)	32
Naranja	32
Nueces peladas	550
Pera	39
Piña (ananá)	35
Plátano (banana, cambur)	78
Pomelo (toronja)	22
Uva	53
LEGUMBRES, HUEVOS, LÁCTEOS, CEREALES Y DERIVADOS	
Arroz cocido	123
Copos de maíz	374
Espaguetis	106
Flan de huevo	64
Galletas María	330
Garbanzos	110
Judías blancas (alubias, caraotas, frijoles)	106
Harina	342
Huevo grande, cocido o crudo	90
Huevo grande, frito o revuelto	130
Leche	67
Leche descremada	35
Lentejas (gandules)	96
Macarrones	112
Mantequilla (manteca de leche)	917
Margarina	730
Mazapán	410
Nata líquida (crema de leche)	180
Nata montada sin azúcar (crema de leche batida)	402
Pan blanco (bolillo)	247
Pan de régimen	150
Pan frito	572
Pan integral	230
Queso de bola	310

ALIMENTO	KCAL.
Queso de Burgos	240
Queso de Camembert	310
Queso fresco	120
Queso Gruyère	460
Queso nata	338
Queso de régimen	135
Queso Roquefort	310
Sémola	352
Yogur	71
Yogur desnatado	52
PESCADOS Y MARISCOS (en crudo si no se especifica lo contrario)	
Almeja (concha, pepitona)	81
Anchoas (anchovas, boquerones)	141
Angulas	71
Arenque ahumado	236
Atún en lata (cazón, tiburón, tuna)	268
Atún fresco (cazón, tiburón, tuna)	159
Bacalao fresco (abadejo)	57
Bacalao seco (abadejo)	90
Bígaros	71
Boquerón	129
Caballa	260
Calamares cocidos (chipirones, sepias)	50
Centollo limpio	120
Cigala limpia	125
Gambas limpias (camarones, quisquillas)	106
Lenguado cocido	95
Lenguado frito	148
Lubina cocida	127
Mejillones crudos o cocidos (choros, moule)	88
Merluza cocida (corvina)	106
Merluza frita (corvina)	188
Ostras	68
Pez Espada frito	400
Pulpo cocido	50
Rodaballo cocido	99

Con los datos que le hemos proporcionado y las recetas que a continuación le ofrecemos, le será fácil obtener y conservar el estado físico que usted y toda su familia necesita.

Su propia experiencia y las tablas que componen esta primera parte del libro le permitirán realizar y adaptar sus recetas favoritas obteniendo los resultados deseados. ¡Mantenga su cuerpo en forma y proteja su salud!

Tabla 3 (continuación)
LOS ALIMENTOS Y SUS CALORÍAS

ALIMENTO	KCAL.
PESCADOS Y MARISCOS (sigue)	
Salmón ahumado	215
Salmón cocido o parrilla	200
Sardinas en lata	300
Sardinas fritas	280
Trucha cocida o al horno	135
CARNES	
Bacon (panceta, tocineta)	410
Cabrito magro (chivo)	264
Cerdo magro (cochino, chancho, puerco)	250
Cordero magro (borrego, oveja)	176
Cordero mixto (borrego, oveja)	320
Hamburguesa de régimen	280
Hamburguesa normal	565
Hígado a la parrilla	250
Jamón serrano magro	380
Jamón serrano mixto	500
Jamón York magro	218
Morcilla de arroz (moronga)	185
Pato asado	314
Pavo asado (guajalote)	198
Pollo asado o cocido	190
Pollo crudo	117
Riñones a la parrilla	200
Salchichas fritas (butifarra)	240
Salchichón	307
Ternera magra parrilla (becerra, mamón)	215
Vaca - lengua	300
Vaca magra parrilla (res)	300

ALIMENTO	KCAL.
BEBIDAS Y VARIOS	
Aceite de girasol	980
Aceite de oliva	1000
Azúcar	398
Café solo	1
Café con leche	7
Campari	222
Cerveza	40
Coca Cola	50
Consomé desgrasado	3
Coñac (cognac)	265
Champán	78
Chocolate amargo (cacao, cocoa)	530
Chocolate con leche (cacao, cocoa)	620
Drambuie	280
Especias (media)	250
Gaseosa	55
Ginebra	212
Jerez dulce	127
Jerez seco	116
Licor de menta	320
Mayonesa	390
Miel	290
Oporto	152
Ron	223
Té con leche	6
Té con limón	1
Vermouth	141
Vinagre	4
Vino blanco dulce	92
Vino blanco seco	74
Vino tinto	71
Vodka	233
Whisky	223

Las mejores recetas

Receta Rápida

Anillo de arroz al perejil

Ingredientes para 4 personas:

250 g de arroz
4 cucharadas de mantequilla
2 cucharadas de cebolla picada
3 huevos separadas las claras de las yemas
1/2 taza de perejil picado
Sal

Cocine el arroz en abundante agua hirviendo con sal hasta que esté en su punto, pero no demasiado tierno. Cuélelo y resérvelo.

Mientras tanto, caliente la mantequilla en una sartén y rehogue la cebolla hasta que esté transparente. Añada el arroz cocido, mézclelo bien con la mantequilla, retire la sartén del fuego e incorpore las yemas y el perejil. Revuelva todo bien y resérvelo.

A continuación, bata las claras a punto de nieve y agréguelas a la mezcla anterior.

Seguidamente, una vez esté todo bien revuelto, viértalo en un molde de corona previamente engrasado con mantequilla. Nivele la superficie con una cuchara y cocine en el horno, precalentado a 190° C (375° F), durante 10 minutos.

Por último, desmóldelo y sírvalo rellenando el hueco central con salsa rosa o salsa de tomate.

También puede utilizar higaditos de pollo encebollados, chipirones en su tinta, o cualquier otro relleno al gusto.

Tiempo de realización: 45 minutos | **Calorías por ración: 358**

Receta Rápida

Arroz a la pamplonesa

Ingredientes para 4 personas:

- ✓ *400 g de arroz*
- ✓ *100 g de bacalao (abadejo, mojito, reyezuelo) seco*
- ✓ *200 ml de aceite*
- ✓ *1 cebolla picada*
- ✓ *1 tomate (jitomate) picado*
- ✓ *1 cucharada de perejil picado*
- ✓ *2 pimientos (pimentones) secos*
- ✓ *2 dientes de ajo pelados*
- ✓ *3 alcachofas cortadas en cuartos*
- ✓ *200 g de guisantes (arvejas, chícharos)*
- ✓ *1 ramita de tomillo*
- ✓ *1 hoja de laurel*
- ✓ *1 cucharadita de pimentón dulce*
- ✓ *Unas hebras de azafrán (achiote, color)*
- ✓ *Sal*

1

2

3

Ponga el bacalao en remojo el día anterior y cámbiele el agua varias veces. Al día siguiente, escúrralo y desmenúcelo con la manos **(1)**, retirando las espinas y toda la piel.

A continuación, caliente el aceite en una cazuela y rehogue la cebolla hasta que esté transparente. Incorpore todos los ingredientes restantes **(2)** excepto el arroz, el pimentón y el azafrán. Revuélvalos bien y rehóguelos durante unos minutos.

Seguidamente, agregue el arroz y sofría todo junto sin dejar de revolver. Espolvoree con el pimentón y el azafrán, incorpore el doble de cantidad de agua hirviendo que el volumen de arroz **(3)**. Sale e introduzca la cazuela en el horno, precalentado a 180° C (350°F), durante 15 o 20 minutos hasta que el arroz haya absorbido el líquido y esté seco y suelto.

Por último, espolvoréelo con perejil picado y sírvalo.

Tiempo de realización: 40 minutos	Calorías por ración: 379

Receta Rápida

Arroz con setas al cava

Ingredientes para 4 personas:
300 g de arroz de grano largo
2 cucharadas de mantequilla
1 cebolla pequeña, picada
1 diente de ajo picado
150 g de setas de cardo (hongos), cortadas en trozos
50 g de jamón serrano
1 botellín de cava (champagne)
1/2 l de caldo de carne o ave, hirviendo
1 cucharada de perejil picado
Sal y pimienta blanca recién molida

Caliente la mantequilla en una cazuela al fuego y rehogue la cebolla y el ajo durante 2 o 3 minutos. Añada las setas y rehóguelas 2 o 3 minutos más.

A continuación, agregue el arroz, el jamón y el cava, revuelva todo y cocínelo durante 5 minutos.

Seguidamente, incorpore el caldo y el perejil. Sazone con sal y pimienta y cocine todo junto a fuego vivo durante 15 minutos.

Por último, retire la cazuela del fuego, deje reposar el arroz durante 4 o 5 minutos y sírvalo.

Puede aromatizar este arroz con una trufa finamente picada. Le dará un toque muy especial.

Tiempo de realización: 40 minutos	Calorías por ración: 331

Receta Rápida

Arroz con tomate y berberechos

Ingredientes para 4 personas:

250 g de arroz de grano largo
1 cucharada de mantequilla
3 chalotes (cebollas francesas, escalonias)
4 tomates (jitomates)
1/2 vaso de vino blanco seco
2 1/2 tazas de caldo, preferentemente de pescado
2 cucharadas de nata (crema de leche) líquida
200 g de berberechos (chipi-chipi) congelados
1 cucharada de perejil picado
Sal y pimienta

Derrita la mantequilla en una cazuela a fuego lento. Pele y pique los chalotes e incorpórelos a la cazuela, suba el fuego y cocínelos hasta que empiecen a dorarse.

A continuación, pele y pique los tomates y cuando los chalotes estén dorados, añádalos a la cazuela junto con el arroz. Revuelva todo bien y agregue el vino blanco y el caldo. Sazone con sal y pimienta y cocine durante 15 minutos.

Seguidamente, añada la nata a la cazuela, mézclela bien con el arroz e incorpore los berberechos. Cocine todo junto a fuego muy bajo durante 5 minutos más.

Por último, espolvoree el guiso con el perejil, revuelva todo suavemente, retire del fuego y deje reposar durante 4 o 5 minutos.

NOTA: Si los berberechos son frescos, ábralos al vapor y retírelos de las valvas. Puede sustituir los chalotes por una cebolla mediana.

Tiempo de realización: 35 minutos	Calorías por ración: 260

Arroz Costa Brava

Ingredientes para 6 personas:

✓ *500 g de arroz de grano largo*
✓ *1 kg de mejillones (choro, moule)*
✓ *500 g de calamares (chipirones, sepias)*
✓ *12 cigalas medianas (langostinos)*
✓ *6 cucharadas de aceite*
✓ *2 cucharadas de tomate (jitomate) triturado*
✓ *1 diente de ajo pelado*
✓ *Agua caliente*
✓ *Sal*

1

2

3

Lave los mejillones, pasándolos por un chorro de agua fría y raspándolos para quitar toda la suciedad que tengan adherida. Limpie los calamares, trocéelos y lave las cigalas.

A continuación, ponga el aceite en la paellera y caliéntelo al fuego. Agregue el diente de ajo entero y fríalo hasta que esté dorado. Retírelo del recipiente y deséchelo.

Seguidamente, incorpore a la paellera los calamares troceados. Rehóguelos unos minutos, apártelos hacia un lado y agregue las cigalas **(1)**, rehogándolas y dándoles la vuelta para que se doren ligeramente.

Cuando los calamares y las cigalas estén rehogados, suba el fuego, añada los mejillones y deje que se abran. Una vez abiertos, incorpore el tomate y el arroz previamente medido **(2)**. Revuelva todo bien y agregue el agua, que deberá ser el doble de cantidad que el volumen del arroz **(3)**.

Por último, sazone al gusto y cocínelo a fuego moderado, hasta que el arroz esté en su punto, suelto y no demasiado hecho. Retírelo del fuego, cúbralo con un paño o con papel de estraza y déjelo reposar unos 10 minutos, antes de servirlo.

Tiempo de realización: 1 hora	Calorías por ración: 388

Receta Rápida

Arroz mar y campo

Ingredientes para 4 personas:

300 g de arroz de grano largo
4 cucharadas de aceite de oliva
1 cebolla pequeña, picada
1 pimiento (pimentón) verde, picado
200 g de carne de ternera (añojo, mamón, novilla) troceada
2 salchichas frescas, troceadas
200 g de champiñones (hongos, setas)
3 cucharadas de tomate (jitomate) frito
1 cucharada de catsup
1/2 cucharadita de pimentón en polvo
1 l de caldo hirviendo
Azafrán (achiote, color)
150 g de gambas (camarones) peladas
Sal

Caliente el aceite en una cazuela al fuego y rehogue el pimiento verde y la cebolla hasta que esta última esté transparente.

A continuación, añada la carne y las salchichas y dórelas, dándoles varias vueltas. Agregue los champiñones, previamente lavados y fileteados y continúe rehogando durante unos minutos.

Seguidamente, añada el arroz, el tomate frito, el catsup y el pimentón. Mezcle todo bien e incorpore el caldo hirviendo y el azafrán, previamente disuelto en un poquito de caldo. Sale al gusto, tape la cazuela y cocine todo a fuego lento durante 15 minutos.

Por último, destape la cazuela, añada las gambas y termine la cocción hasta que el arroz esté en su punto.

Tiempo de realización: 40 minutos | **Calorías por ración: 314**

Receta Rápida

Arroz marinero

Ingredientes para 6 personas:

2 tazas de arroz
500 g de almejas (pepitonas)
2 cucharadas de aceite
300 g de calamares (chipirones, sepia) cortados a trocitos
250 g de judías verdes (ejotes, habichuelas), picadas
1 pimiento (pimentón) rojo pequeño, picado
1 pimiento (pimentón) verde pequeño, picado
1 taza de tomate (jitomate) frito con cebolla
300 g de pescado blanco (corvina, pescada) cortado en cuadraditos
1/2 cucharadita de azafrán (color, achiote) en polvo
250 g de langostinos pelados
200 g de gambas (camarones) peladas
Sal y pimienta

Cocine las almejas en una cazuela con un poco de agua para que se abran. Cuele el líquido de la cocción y resérvelo. Reserve aparte las almejas.

A continuación, caliente el aceite en una cacerola y saltee los calamares unos minutos. Agregue las judías verdes y los pimientos y rehogue todo 5 minutos más.

Seguidamente, incorpore el arroz, el tomate frito y el pescado. Rocíe con el líquido reservado de las almejas y 4 tazas de agua, revuelva todo bien, condimiente con el azafrán, sal y pimienta y cocínelo durante 15 minutos, con la cacerola tapada, hasta que el arroz esté casi en su punto.

Por último, añada los langostinos, las gambas y las almejas, y cocine unos minutos más sin olvidar que este arroz debe quedar jugoso. Sírvalo bien caliente.

Tiempo de realización: 40 minutos	Calorías por ración: 304

Arroz tres delicias

Ingredientes para 4 personas:

250 g de arroz
1 huevo
3 cucharadas de aceite
2 zanahorias cortadas en tiras finas
2 cebolletas (cebolla larga) picadas
150 g de guisantes (arvejas, chícharos) cocidos
100 g de granos de maíz (choclo, elote) cocido
100 g de gambas (camarones) peladas
50 g de jamón de York, cortado en cuadraditos
3 cucharadas de salsa de soja
Sal

Cocine el arroz en abundante agua con sal hasta que esté en su punto. Cuélelo, refrésquelo bajo un chorro de agua fría y resérvelo.

Mientras tanto, bata el huevo con una pizca de sal y haga una tortilla muy fina en una sartén antiadherente. Córtela en tiras y resérvela.

A continuación, caliente el aceite en una sartén grande y saltee las zanahorias y las cebolletas a fuego fuerte. Incorpore los guisantes, el maíz y las gambas y cocine todo sin dejar de revolver, durante 5 minutos.

Seguidamente, añada el arroz, la tortilla y el jamón. Rocíe todo con salsa de soja y mézclelo bien, cocinándolo unos minutos para que esté caliente. Rectifique la sazón y sirva inmediatamente.

> Si desea que el arroz tome un sabor a gambas más acentuado saltee éstas unos segundos en el aceite antes de la preparación. De este modo el aceite se impregnará de un delicioso sabor a marisco.

Tiempo de realización: 35 minutos	Calorías por ración: 333

Arroz verde

Ingredientes para 4 personas:

300 g de arroz
6 pimientos (pimentones) verdes
3 1/2 tazas de caldo de gallina
1 trozo de cebolla
1 diente de ajo
4 cucharadas de aceite
1 ramita de cilantro (coriandro, culantro)
1 huevo cocido y picado
Sal

Ase los pimientos en el horno, pélelos y quíteles las venas interiores y las semillas.

A continuación, ponga 5 pimientos en la batidora y reserve el restante. Agregue a la batidora 1/2 taza de caldo, la cebolla y el ajo, bata bien y reserve.

Seguidamente, caliente el aceite en una cazuela y dore el arroz revolviéndolo con una cuchara de madera. Agregue los pimientos batidos sobre el arroz y cuando comiencen a hervir, incorpore el caldo restante y el cilantro. Sale y cocine el arroz hasta que esté en su punto y haya consumido el líquido. Si fuera necesario, agregue un poco más de agua.

Por último, corte el pimiento reservado en tiras, decore el arroz con ellas y con el huevo picado y sírvalo.

Tiempo de realización: 1 hora	Calorías por ración: 352

Receta Rápida

Berenjenas con gambas

Ingredientes para 4 personas:

500 g de berenjenas
Harina para enharinar
Aceite para freír
250 g de gambas (camarones)
150 ml de agua
2 cucharadas de mantequilla
1 cucharada de harina
200 ml de leche
50 g de jamón serrano picado
2 cucharadas de queso rallado
Sal y pimienta blanca molida

Lave las berenjenas, séquelas con papel absorbente y córtelas en rodajas. Enharínelas y fríalas en una sartén con aceite caliente. Retírelas y déjelas escurrir sobre papel absorbente.

A continuación, pele las gambas y cocine las cáscaras en el agua con un poquito de sal, durante 5 minutos. Cuele el caldo obtenido y resérvelo.

Seguidamente, derrita la mantequilla en una sartén, añada la harina y sofríala ligeramente. Incorpore el caldo reservado y la leche, poco a poco, y cocine revolviendo con una cuchara de madera hasta que la salsa espese. Rectifique la sazón.

Por último, coloque las berenjenas en una fuente refractaria. Cúbralas con las gambas y el jamón picado y vierta por encima la salsa preparada. Espolvoree por encima el queso, introduzca la fuente en el horno, precalentado a 180° C (350° F), hasta que la superficie esté dorada y sírvalas bien calientes.

Tiempo de realización: 45 minutos	Calorías por ración: 276

Berenjenas rellenas

Ingredientes para 4 personas:

2 berenjenas medianas, alargadas
3 tomates (jitomates) maduros, cortados en rodajas finas
2 cebollas cortadas en aros finos
200 g de queso de cabra, cortado en lonchas
1 cucharada de albahaca picada
1 cucharadita de orégano en polvo
1 cucharada de perejil picado
4 cucharadas de aceite
Filetes de anchoas en aceite para la decoración
Sal y pimienta

Lave las berenjenas, séquelas y córtelas en láminas de 1 cm de grosor, en sentido longitudinal, pero sin llegar al final. Póngalas en un cuenco, cúbralas con agua y sal y déjelas reposar durante 20 minutos para que no amarguen. Escúrralas bien y séquelas con papel absorbente.

A continuación, sazone las berenjenas con sal y pimienta y rellénelas alternando tomate, cebolla y queso.

Seguidamente, colóquelas en una fuente refractaria, espolvoréelas con la albahaca, el orégano y el perejil y rocíelas con el aceite. Tápelas con papel de aluminio y cocínelas en el horno, precalentado a 180° C (350° F), durante 30 minutos o hasta que estén a su gusto.

Por último, retírelas del horno, decórelas con los filetitos de anchoa y sírvalas bien calientes.

Estas berenjenas resultan buenísimas si las acompaña con pan de ajo.

Tiempo de realización: 45 minutos — Calorías por ración: 228

Receta Rápida

Boladillos de espinacas

Ingredientes para 6 personas:

- ✓ *2 tazas de espinacas cocidas, escurridas y picadas*
- ✓ *2 cucharadas de margarina derretida*
- ✓ *2 huevos*
- ✓ *2 tazas de pan rallado*
- ✓ *2 cucharadas de cebolla picada*
- ✓ *2 cucharadas de queso de bola rallado*
- ✓ *Nuez moscada*
- ✓ *Sal y pimienta*
- ✓ *Aceite para freír*

1

Ponga en un recipiente las espinacas picadas junto con la margarina, 1 huevo, 1 taza de pan rallado, la cebolla y el queso **(1)**. Sazone con nuez moscada, sal y pimienta y mezcle todo bien.

2

Seguidamente, prepare unas bolas con las manos y páselas por el pan rallado, a continuación por el huevo, previamente batido, y de nuevo por pan rallado **(2)**.

3

Por último, caliente abundante aceite en una sartén, fría los boladillos hasta que estén bien dorados **(3)** y sírvalos bien calientes decorándolos al gusto.

Tiempo de realización: 15 minutos	Calorías por ración: 353

Receta Rápida

Budín de pimientos

Ingredientes para 4 personas:
4 pimientos (pimentones) rojos, asados y pelados
4 huevos
200 ml de nata (crema de leche) líquida
2 cucharadas de aceite
1 diente de ajo picado
1 cebolla picada
1 zanahoria picada
200 g de tomate (jitomate) natural triturado
Una pizca de nuez moscada
1 cucharadita de albahaca
Sal y pimienta

Para la decoración:
1 pimiento (pimentón) rojo de lata
50 g de aceitunas (olivas) verdes rellenas de pimiento

Vierta los pimientos en una batidora junto con los huevos y la nata. Sazone con sal y pimienta y bata hasta que la mezcla esté homogénea.

A continuación, viértala en un molde alto y cocínela en el horno al baño María durante 30 minutos, hasta que esté bien cuajada.

Mientras tanto, caliente al aceite en una sartén y rehogue el ajo, la cebolla y la zanahoria durante 5 minutos. Agregue el tomate, la nuez moscada y la albahaca. Sazone todo con sal y pimienta y cocínelo a fuego lento durante 20 o 25 minutos. Pase la salsa obtenida por el pasapurés y resérvela.

Por último, desmolde el budín y vierta la salsa de tomate por encima. Decore la superficie con el pimiento rojo cortado en tiras y las aceitunas y sírvalo.

Tiempo de realización: 40 minutos	Calorías por ración: 316

Calabacines rellenos

Ingredientes para 4 personas:

✓ *4 calabacines (calabacitas, chauchitas, zucchini) medianos*
✓ *4 cucharadas de mantequilla*
✓ *1 cebolla pequeña, picada*
✓ *4 higaditos de pollo picados*
✓ *1 diente de ajo picado*
✓ *2 cucharadas de tomate (jitomate) frito*
✓ *50 g de arroz*
✓ *2 tacitas de agua*
✓ *2 cucharadas de queso rallado*
✓ *Sal y pimienta*

1

2

3

Corte los calabacines por la mitad, en sentido longitudinal, retire la pulpa y resérvela **(1)**. Caliente abundante agua con sal en una cacerola y cuando hierva, agregue los calabacines y cocínelos durante 10 minutos. Retírelos del agua y déjelos escurrir.

A continuación, derrita la mitad de la mantequilla en una sartén y rehogue la cebolla hasta que esté transparente. Incorpore los higaditos **(2)** y el ajo, revuelva bien y añada el tomate frito, la pulpa de calabacín reservada y el arroz. Mezcle todo, rocíe con el agua **(3)**, sazone con sal y pimienta y cocine a fuego medio durante 25 minutos.

Seguidamente, rellene los calabacines con la mezcla preparada, colóquelos en una fuente refractaria y espolvoréelos con el queso rallado.

Por último, derrita la mantequilla restante, rocíela sobre los calabacines e introdúzcalos en el horno, precalentado a 180° C (350° F), durante 20 minutos. Sírvalos bien calientes.

Tiempo de realización: 1 hora 15 minutos | **Calorías por ración: 222**

Receta Rápida

Calabaza gratinada

Ingredientes para 4 personas:

1 kg de calabaza (auyama) pelada, sin semillas y cortada en cubitos
6 cucharadas de aceite
1 cebolla grande, cortada en aros finos
1 diente de ajo
1 cucharada de perejil picado
2 cucharadas de queso parmesano rallado
Sal y pimienta

Cocine la calabaza en un poco de agua con sal, durante 10 minutos. Viértala en un colador y escúrrala bien.

Mientras tanto, caliente el aceite en una sartén y rehogue la cebolla a fuego bajo hasta que comience a dorarse.

A continuación, frote con el ajo el interior de una olla de barro. Vierta en ella la mitad de la calabaza, sobre ésta coloque la cebolla escurrida y cúbrala con la calabaza restante.

Por último, espolvoree la superficie con el queso, rocíe con el aceite de freír la cebolla y hornee con el gratinador encendido, durante unos minutos, hasta que la superficie esté dorada. Sírvala bien caliente.

Tenga en cuenta que la calabaza tiene un gran contenido de agua por lo que necesitará muy poca para su cocción.

Tiempo de realización: 25 minutos | Calorías por ración: 225

Receta Rápida

Caviar de berenjenas

Ingredientes para 6 personas:

1 kg de berenjenas
1 cebolla picada
2 tomates (jitomates) picados
1 pimiento (pimentón) rojo asado, pelado y picado
2 cucharadas de cilantro (culantro) picado
4 cucharadas de aceite
1 cucharada de vinagre
Unas aceitunas (olivas) negras para decorar
Sal y pimienta

Lave las berenjenas, séquelas y áselas en el horno, precalentado a 195° C (375° F), hasta que estén tiernas. Pélelas, píquelas en cubitos y viértalas en un recipiente.

A continuación, añada la cebolla, los tomates, el pimiento y el cilantro y revuelva todo bien.

Seguidamente, mezcle en un cuenco el aceite, el vinagre y sal y pimienta al gusto.

Por último, vierta el aderezo sobre el preparado anterior, revuelva bien para que se unifiquen los sabores y póngalo en una fuente. Decórelo con las aceitunas y sírvalo.

Acompañe el Caviar de berenjenas con galletitas saladas o tostadas.

Tiempo de realización: 30 minutos | **Calorías por ración: 154**

Receta Rápida

Cazuela de fideos

Ingredientes para 4 personas:

- ✓ *300 g de fideos gruesos*
- ✓ *4 cucharadas de aceite*
- ✓ *1 cebolla picada*
- ✓ *1 pimiento (pimentón) verde, cortado en trozos*
- ✓ *150 g de tomate (jitomate) triturado*
- ✓ *300 g de almejas (pepitonas) bien lavadas*
- ✓ *1 diente de ajo*
- ✓ *2 ramitas de perejil*
- ✓ *Unas hebras de azafrán (camotillo, cúrcuma, yuquillo)*
- ✓ *2 ramitas de hierbabuena*
- ✓ *1 copa de vino blanco*
- ✓ *1 hoja de laurel*
- ✓ *Sal*

1

Caliente el aceite en una cacerola al fuego y rehogue la cebolla hasta que esté transparente.

2

Añada el pimiento, sofría unos minutos, agregue el tomate y cocine 10 minutos **(1)**. Incorpore las almejas y revuelva todo bien **(2)**.

Machaque en el mortero el ajo junto con el perejil, el azafrán y la hierbabuena. Agregue el vino, revuelva e incorpórelo a la cacerola.

3

Por último, añada los fideos y el laurel, sazone y agregue agua para que los fideos queden cubiertos **(3)**. Tape y cocine hasta que los fideos estén "al dente".

Tiempo de realización: 35 minutos	Calorías por ración: 337

Receta Rápida

Cebiche

Ingredientes para 6 personas:

- ✓ *500 g de langostinos frescos*
- ✓ *500 g de pescado sin piel ni espinas*
- ✓ *1/2 taza de zumo (jugo) de limón*
- ✓ *2 cebollas picadas*
- ✓ *2 dientes de ajo picados*
- ✓ *1/2 pimiento (pimentón) verde, picado*
- ✓ *1/2 pimiento (pimentón) rojo, picado*
- ✓ *1 tomate (jitomate) grande, maduro y pelado*
- ✓ *2 cucharadas de tabasco (ají pique)*
- ✓ *1 cucharada de salsa soja*
- ✓ *Unas hojas de lechuga*
- ✓ *Sal y pimienta*

1

Pele los langostinos, desvénelos y córtelos por la mitad en sentido longitudinal. Corte el pescado en trocitos **(1)**. Vierta todo en un cuenco de cristal, rocíelo con el jugo de limón **(2)** y déjelo macerar unos minutos.

2

A continuación, agregue a los pescados las cebollas, los ajos, los pimientos, el tomate, el tabasco, la salsa de soja **(3)** y sal y pimienta. Revuelva bien y déjelo marinar en el frigorífico durante 4 horas.

Por último, lave bien las hojas de lechuga y colóquelas en platos de servir. Reparta el cebiche sobre la lechuga y sírvalo.

3

Tiempo de realización: 15 minutos — **Calorías por ración: 214**

Champiñones rellenos

Ingredientes para 4 personas:
20 champiñones (hongos, setas) medianos
1 filete de lenguado o cualquier otro pescado blanco
1 cucharada colmada de harina
2 cucharadas de mantequilla
1 taza de leche
2 cucharadas de tomate (jitomate) frito
1 cucharada de perejil picado
50 g de queso rallado
Sal y pimienta

Lave y seque el pescado, sálelo ligeramente y cocínelo a la plancha, vuelta y vuelta. Retírelo de la plancha y desmenúcelo.

A continuación, derrita 1 cucharada de mantequilla en una sartén, añádale la harina, sofríala ligeramente, e incorpore la leche, poco a poco, pero sin dejar de revolver con una cuchara de madera, hasta obtener una bechamel. Sazónela con sal y pimienta al gusto y agréguele el pescado desmenuzado, el tomate frito y el perejil. Mezcle todo muy bien y mantenga la bechamel al calor para que no se endurezca.

Seguidamente, retire los pedúnculos de los champiñones, dejando sólo los sombreros, y lávelos muy bien quitando todo resto de tierra. Engrase una fuente de horno con la mantequilla restante y coloque en ella los champiñones con la cazoleta hacia arriba.

Por último, rellene los champiñones con la bechamel de pescado preparada de modo que queden bien llenos. Reparta el queso rallado sobre ellos y póngales encima un poquito de mantequilla. Introdúzcalos en el horno, precalentado a 165° C (325° F), durante 20 minutos y otros 5 minutos más con el horno a 190° C (375° F). Sírvalos bien calientes decorándolos al gusto.

Tiempo de realización: 1 hora	Calorías por ración: 162

Receta Rápida

Cóctel sorpresa

Ingredientes para 4 personas:

1 piña grande
500 g de langostinos frescos
1 lechuga pequeña
2 cebolletas (cebolla larga) picadas
2 huevos duros, picados
1 taza de mayonesa
1 cucharada de mostaza
1 yogur natural descremado

Deseche el penacho de la piña y córtela en 4 trozos. Extraiga la pulpa con cuidado de dejar las cáscaras enteras, retire el centro y trocee el resto.

A continuación, ponga en una cacerola agua con sal y cuando comience a hervir, agregue los langostinos y cocínelos durante 2 minutos. Cuélelos y déjelos enfriar.

Mientras tanto, separe las hojas de lechuga. Reserve 4 hojas enteras y pique las restantes.

Seguidamente, coloque los 4 aros de piña en 4 platos y cubra los centros con las hojas de lechuga. Mezcle en un cuenco la lechuga picada con la cebolleta, los huevos, los langostinos pelados y picados y la piña troceada, y cubra las hojas de lechuga con esta mezcla.

Por último, mezcle la mayonesa con la mostaza y el yogur en un cuenco. Reparta la salsa sobre el cóctel y sírvalo decorándolo al gusto.

NOTA: Aligere la mayonesa con leche descremada si desea disminuir las calorías de esta receta.

Tiempo de realización: 25 minutos	Calorías por ración: 400

Corona de coliflor

Ingredientes para 6 personas:

- ✓ *500 g de coliflor*
- ✓ *4 huevos*
- ✓ *2 cucharadas de queso rallado*
- ✓ *Una pizca de nuez moscada*
- ✓ *250 ml de nata (crema de leche) líquida*
- ✓ *1 cucharada de mantequilla*
- ✓ *Salsa de tomate (jitomate)*
- ✓ *Sal y pimienta*

1

2

3

Separe la coliflor en ramitos **(1)**, lávelos bien y cocínelos en una cacerola en agua con sal hasta que la coliflor esté tierna. Retire la cacerola del fuego y escurra bien la coliflor.

A continuación, aplaste la coliflor ligeramente con un tenedor sin que llegue a convertirse totalmente en puré. Agréguele los huevos batidos, el queso, la nuez moscada y sal y pimienta. Añada la nata **(2)** y revuelva bien para que la mezcla quede homogénea.

Seguidamente, ponga el preparado en un molde de corona, engrasado con mantequilla **(3)** y cocínelo al baño María en el horno, precalentado a 180° C (350° F), durante 45 minutos o hasta que esté cuajado.

Por último, desmolde la corona de coliflor sobre una fuente de servir redonda. Caliente la salsa de tomate, viértala en el centro de la corona, decórela al gusto y sírvala.

Tiempo de realización: 1 hora 20 minutos	Calorías por ración: 290

Crema de coliflor

Ingredientes para 4 personas:
300 g de coliflor cortada en ramitos
2 cucharadas de mantequilla
1 cebolla mediana, picada
1 patata (papa) cortada en rodajas finas
500 ml de agua
2 clavos de olor machacados
250 ml de leche
1 cucharadita de perejil picado
Sal y pimienta

Caliente la mantequilla en una cacerola y rehogue la cebolla y la patata durante unos minutos.

A continuación, agregue el agua, los clavos de olor y sal y pimienta. Deje que el agua rompa a hervir e incorpore la coliflor a la cacerola. Cocine a fuego medio hasta que la coliflor esté tierna.

Seguidamente, sepárela del fuego, retire unos ramitos con una espumadera, resérvelos para la decoración y vierta todo en la batidora. Bátalo hasta obtener una crema homogénea, incorpórele la leche, bata la mezcla de nuevo y vierta la crema en la cacerola.

Por último, caliente la crema unos minutos, añádale los ramitos de coliflor reservados, espolvoréela con el perejil y sírvala caliente.

> Puede agregar un hueso de jamón al cocer la coliflor, de este modo tomará su sabor y resultará más sabrosa.

Tiempo de realización: 1 hora	Calorías por ración: 130

Crema de guisantes

Ingredientes para 4 personas:

- ✓ *1/2 cebolla picada*
- ✓ *400 g de guisantes (arvejas, chícharos)*
- ✓ *4 tazas de caldo*
- ✓ *2 cucharadas de maicena (fécula de maíz)*
- ✓ *1 taza de nata (crema de leche)*
- ✓ *2 rebanadas de pan cortadas en daditos*
- ✓ *Aceite para freír*
- ✓ *Sal y pimienta molida*

1

Vierta un poco de aceite en una sartén, póngala al fuego y sofría la cebolla hasta que esté tierna.

A continuación, cocine los guisantes con el caldo, sal y pimienta, durante 40 minutos.

Seguidamente, viértalos en la batidora con un poco de caldo y la cebolla **(1)** y haga un puré. Añada al puré la maicena previamente disuelta en un poco de agua fría y cuando el puré esté homogéneo, viértalo en una cacerola y cocínelo a fuego lento. Cuando la crema comience a hervir, agregue la nata **(2)** revolviendo constantemente con una cuchara. Cocine todo durante 15 minutos y rectifique la sazón.

Por último, caliente abundante aceite en una sartén al fuego y fría los daditos de pan hasta que estén dorados **(3)**. Sirva la crema con los daditos de pan frito.

2

3

Tiempo de realización: 1 hora	Calorías por ración: 301

Crema de remolacha

Ingredientes para 4 personas:

200 g de remolacha (betabel) pelada y troceada
2 cucharadas de mantequilla
2 zanahorias cortadas en rodajas
1 cebolla picada
1 patata (papa) mediana, pelada y troceada
2 dientes de ajo
2 l de agua
1 hoja de laurel
1 ramita de tomillo
4 cucharadas de nata (crema de leche) líquida
Sal y pimienta

Derrita la mantequilla en una cacerola al fuego y rehogue a fuego lento la remolacha junto con las zanahorias, la cebolla, la patata y los ajos, durante 15 minutos.

A continuación, incorpore el agua, el laurel y el tomillo. Sazone el preparado con sal y pimienta y cocine todo durante 40 minutos o hasta que las verduras estén bien tiernas.

Seguidamente, retire el laurel y el tomillo y pase todo por la batidora hasta formar un puré. Déjelo enfriar en el frigorífico.

Por último, reparta la crema en cuencos individuales y sírvala con la nata por encima.

Bata la nata ligeramente para que tome un poco de consistencia y flote mejor sobre la crema.

Tiempo de realización: 1 hora	Calorías por ración: 149

Crema de remolacha

Ingredientes para 4 personas:
200 g de remolacha (betabel) pelada y troceada
2 cucharadas de mantequilla
2 zanahorias cortadas en rodajas
1 cebolla picada
1 patata (papa) mediana, pelada y troceada
2 dientes de ajo
2 l de agua
1 hoja de laurel
1 ramita de tomillo
4 cucharadas de nata (crema de leche) líquida
Sal y pimienta

Derrita la mantequilla en una cacerola al fuego y rehogue a fuego lento la remolacha junto con las zanahorias, la cebolla, la patata y los ajos, durante 15 minutos.

A continuación, incorpore el agua, el laurel y el tomillo. Sazone el preparado con sal y pimienta y cocine todo durante 40 minutos o hasta que las verduras estén bien tiernas.

Seguidamente, retire el laurel y el tomillo y pase todo por la batidora hasta formar un puré. Déjelo enfriar en el frigorífico.

Por último, reparta la crema en cuencos individuales y sírvala con la nata por encima.

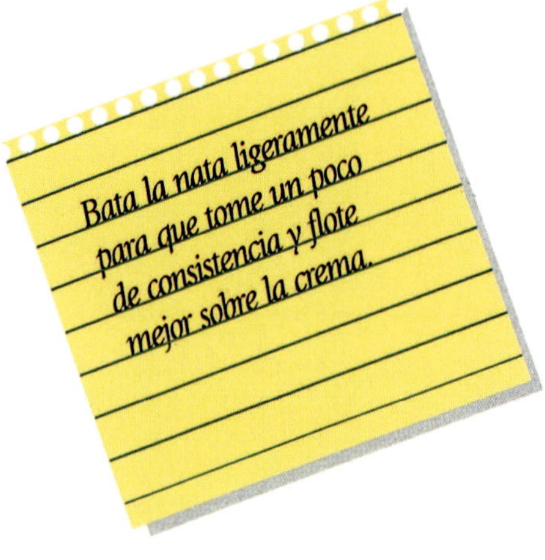

Tiempo de realización: 1 hora | Calorías por ración: 149

Receta Rápida

Crema de tomate

Ingredientes para 4 personas:

500 g de tomates (jitomates) pelados y picados
4 cucharadas de aceite
1 diente de ajo picado
1 cebolla mediana, picada
1 pimiento (pimentón) rojo de lata, picado
1 l de caldo de pollo
100 g de jamón serrano picado
200 g de granos de maíz (choclo, elote) cocidos
4 cucharadas de nata (crema de leche) líquida
1 cucharada de perejil picado
Sal

Caliente el aceite en una sartén al fuego y rehogue el ajo y la cebolla hasta que estén transparentes. Agregue los tomates y cocínelos durante 10 minutos. Incorpore el pimiento y cocine todo durante 2 o 3 minutos más.

A continuación, vierta el preparado anterior en una batidora y bata hasta obtener un puré homogéneo.

Seguidamente, ponga el puré en una olla, agréguele el caldo, el jamón y el maíz y cocínelo a fuego lento durante 15 minutos.

Por último, sazónelo con sal y pimienta y repártalo en 4 cuencos de servir. Bata ligeramente la nata y ponga 1 cucharada en el centro de cada plato. Espolvoree por la superficie el perejil picado y sirva la crema tibia o fría, al gusto.

Tiempo de realización: 40 minutos **Calorías por ración: 322**

Receta Rápida

Crema de verano

Ingredientes para 4 personas:

50 g de mantequilla
La parte blanca de 3 puerros (poros), picada
1 cebolla grande, picada
1 patata (papa) mediana, cortada en rodajas finas
500 ml de caldo
200 ml de nata (crema de leche) líquida
1 cucharada de perejil o cebollino picado
Sal y pimienta blanca

Derrita la mantequilla en una cacerola, añada los puerros y la cebolla y rehóguelos a fuego lento hasta que estén transparentes.

A continuación, agregue la patata, rehóguela muy ligeramente e incorpore el caldo. Sazónelo con sal y pimienta al gusto, tape la cacerola y cocine todo a fuego lento durante 25 minutos o hasta que la patata esté tierna.

Seguidamente, pase todos los ingredientes por la batidora hasta obtener una crema suave y homogénea. Rectifique la sazón, incorpore la nata y bata todo bien.

Por último, introduzca la crema en el frigorífico y sírvala muy fría espolvoreada con el perejil o el cebollino.

Puede añadir también unas cuantas gambas cocidas y peladas o unas tiritas de jamón serrano.

Tiempo de realización: 35 minutos	Calorías por ración: 335

Receta Rápida

Crema de zanahorias

Ingredientes para 4 personas:
500 g de zanahorias troceadas
25 g de mantequilla
1 cebolla mediana, picada
3 dientes de ajo
800 ml de caldo de carne (puede ser de cubito)
200 ml de nata (crema de leche) líquida
Sal y pimienta

Derrita la mantequilla en una cacerola y rehogue la cebolla y los ajos hasta que estén transparentes.

A continuación, agrégueles las zanahorias y rehóguelas a fuego lento durante 10 minutos. Rocíelas con el caldo, tape la cacerola y cocine todo junto 30 minutos.

Seguidamente, retire el preparado del fuego, déjelo enfriar y pase todo por la batidora. Sazónelo con sal y pimienta. Bata la mitad de la nata y agréguela al puré de zanahoria, para que quede más suave. Déjelo enfriar en el frigorífico durante unas horas.

Por último, vierta la crema en cuencos individuales, ponga en cada uno un poco de nata y decórelos con unas hojitas de cebollino o perejil.

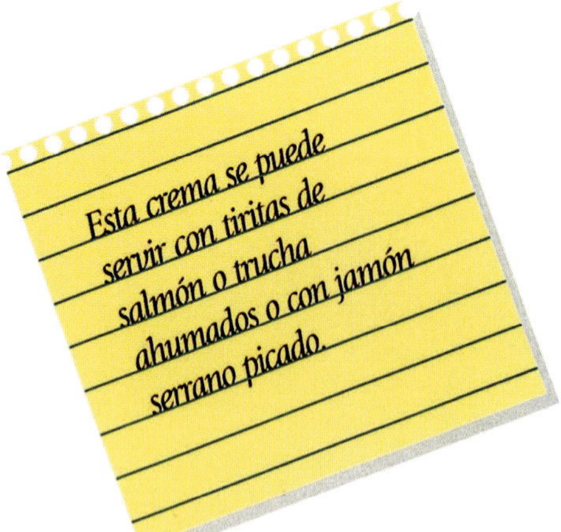

Tiempo de realización: 45 minutos	Calorías por ración: 288

Receta Rápida

Ensalada catalana

Ingredientes para 4 personas:

✓ *2 berenjenas*
✓ *3 pimientos (pimentones) verdes*
✓ *2 cebollas peladas*
✓ *6 alcachofas (alcauciles)*
✓ *4 tomates (jitomates) pelados*
✓ *El zumo (jugo) de 2 limones*
✓ *2 dientes de ajo*
✓ *1 cucharada de alcaparras*
✓ *1 cucharada de perejil picado*
✓ *4 cucharadas de aceite*
✓ *4 huevos duros*
✓ *Sal y pimienta blanca*

1

2

3

Coloque las berenjenas, los pimientos y las cebollas en una fuente refractaria e introdúzcala en el horno, precalentado a 180° C (350° F), durante 10 minutos. Retire la fuente del horno, pele las verduras y córtelas en tiras no demasiado finas **(1)**.

Mientras tanto, retire las hojas exteriores de las alcachofas, frótelas con las cáscaras de los limones para que no ennegrezcan y cocínelas en agua con sal y un poco de zumo de limón, hasta que estén tiernas. Escúrralas bien y reserve.

Corte los tomates **(2)** y las alcachofas en 4 trozos y resérvelos.

Seguidamente, ase los ajos y macháquelos en el mortero junto con las alcaparras, el perejil y sal y pimienta. Agregue el aceite, poco a poco, revolviendo hasta que todo esté bien mezclado y añada el zumo de limón.

Pele los huevos duros y pique por separado las yemas de las claras.

Por último, coloque en una fuente todas las verduras, alternando los colores y riéguelas con la salsa de ajos y alcaparras. Vierta los huevos picados **(3)** entre cada verdura y decore con tomatitos y escarola o al gusto.

Tiempo de realización: 45 minutos	Calorías por ración: 259

Receta Rápida

Ensalada de cardos

Ingredientes para 4 personas:

350 g de cardos limpios y cortados en trozos
1 cucharada de harina
1 mandarina (tanjarina)
1 huevo duro, picado
1/2 cebolla pequeña, picada
1 diente de ajo picado
1/2 pimiento (pimentón) rojo, picado
1/2 pimiento (pimentón) verde, picado
1 cucharada de perejil picado
6 cucharadas de aceite de oliva
3 cucharadas de vinagre
Sal

Caliente agua con sal en una cazuela al fuego, agregue la harina y los cardos y cocínelos hasta que estén tiernos. Si lo desea puede cocinarlos en olla a presión durante 30 minutos, ya que son bastante duros.

Mientras tanto, pele la mandarina y pique la piel en trocitos muy pequeños.

A continuación, prepare una vinagreta en un recipiente, mezclando el huevo, la cebolla, el ajo, los pimientos, el perejil y la piel de la mandarina. Rocíe todo con el aceite y el vinagre, sazone y mezcle todo bien.

Cuando los cardos estén tiernos, escúrralos y viértalos en una ensaladera. Agrégueles los gajos de mandarina picados y rocíe la ensalada con la vinagreta preparada.

Por último, mezcle todo con cuidado y sirva la ensalada.

Tiempo de realización: 40 minutos	Calorías por ración: 220

Receta Rápida

Ensalada de domingo

Ingredientes para 4 personas:
2 zanahorias grandes, cortadas en ruedas
1 escarola verde
1/2 escarola roja
1 cebolla cortada en aros
4 rabanitos cortados en láminas
1/2 pimiento (pimentón) rojo, picado
200 g de atún (cazón, tiburón, tuna) en aceite

Para el aderezo:
8 cucharadas de aceite de oliva
1 cucharada de mostaza
El zumo (jugo) de 1/2 limón
Sal y pimienta negra molida

Ponga una cazuela pequeña con agua y sal al fuego, y cuando comience a hervir, agregue las zanahorias y cocínelas durante 5 minutos. Escúrralas bien y viértalas en una ensaladera.

Mientras tanto, lave y trocee las escarolas.

A continuación, vierta en la ensaladera las escarolas junto con la cebolla, los rabanitos y el pimiento. Escurra el atún, trocéelo y agréguelo a la ensalada.

Por último, mezcle en un cuenco todos los ingredientes del aderezo. Rocíelo sobre la ensalada, revuelva todo con cuidado y sírvala.

Tiempo de realización: 15 minutos **Calorías por ración: 390**

Ensalada de garbanzos

Ingredientes para 4 personas:
200 g de garbanzos puestos en remojo el día anterior
1 hoja de laurel
2 cebollas
3 huevos
3 tomates (jitomates) maduros pero firmes
1 diente de ajo
10 cucharadas de aceite
3 cucharadas de vinagre
1 cucharada de perejil picado
1 cucharadita de orégano picado
Sal

Escurra los garbanzos, lávelos y póngalos en una olla con agua hirviendo. Agregue el laurel, 1 cebolla pelada y sal y cocínelos a fuego lento durante 2 horas o hasta que estén tiernos. Cuélelos y déjelos enfriar.

Mientras tanto, cocine los huevos en agua durante 10 minutos, refrésquelos sumergiéndolos en agua fría, pique 2 finamente y el tercero córtelo en gajos para la decoración.

A continuación, pique la cebolla restante y los tomates en trocitos pequeños y viértalos en una ensaladera. Agrégueles los huevos picados, el perejil y el orégano y resérvelos.

Seguidamente, bata en un cuenco el aceite junto con el vinagre y sal.

Por último, cuando los garbanzos cocinados estén fríos, añádalos a la ensaladera. Mezcle todo bien, rocíe con el aderezo y revuelva todo con cuidado. Decore la ensalada con el huevo duro reservado o al gusto y sírvala.

NOTA: Esta ensalada también puede prepararla utilizando garbanzos cocidos. Así ganará tiempo.

Tiempo de realización: 2 horas 20 minutos	Calorías por ración: 308

Receta Rápida

Ensalada de judías verdes y rape

Ingredientes para 4 personas:
350 g de judías verdes (ejotes, habichuelas)
200 g de rape
2 limones
250 g de langostinos cocidos y desvenados
1 pimiento (pimentón) rojo de lata cortado en tiritas
Sal

Para el aderezo:
4 cucharadas de aceite
2 cucharadas de vinagre
Sal y pimienta negra molida

Quite las hebras y las puntas de las judías, córtelas por la mitad en sentido longitudinal y trocéelas.

A continuación, caliente agua con sal en una cazuela y cuando comience a hervir, agregue las judías verdes y cocínelas hasta que estén tiernas. Escúrralas y resérvelas.

Mientras se cocinan las judías, ponga el rape en el congelador y cuando esté firme al tacto, sin llegar a estar congelado, córtelo en láminas finas. Colóquelas en un plato, rocíelas con el zumo de los limones y déjelas en maceración durante 2 o 3 horas.

Seguidamente, ponga las judías en una ensaladera y sobre ellas, coloque las láminas de rape, los langostinos y las tiritas de pimiento.

Por último, prepare un aderezo mezclando todos los ingredientes del mismo en un cuenco pequeño. Viértalo sobre la ensalada y sírvala.

Tiempo de realización: 25 minutos **Calorías por ración: 255**

Receta Rápida

Ensalada de langosta

Ingredientes para 6 personas:

2 langostas
2 tomates (jitomates) maduros, sin semillas y picados
1 cebolla grande, picada
4 cucharadas de zumo (jugo) de limón
1 cucharada de vinagre
Sal y pimienta

Caliente abundante agua con sal en una cacerola y cuando comience a hervir sumerja las langostas y deje que el agua hierva de nuevo. Baje el fuego y cocínelas durante 15 minutos más.

A continuación, retire las langostas del agua, déjelas enfriar ligeramente, corte los caparazones y retire la carne con cuidado. Córtela en rodajas y reserve.

Seguidamente, mezcle los tomates con la cebolla, el zumo de limón y el vinagre. Vierta esta mezcla sobre las rodajas de langosta y déjela macerar durante 15 minutos.

Por último, coloque la langosta en una fuente y sírvala con ensalada al gusto.

Puede sustituir la langosta por langostinos, palitos de cangrejo u otro marisco al gusto.

Tiempo de realización: 35 minutos	Calorías por ración: 138

Ensalada de lentejas

Ingredientes para 4 personas:

400 g de lentejas puestas en remojo el día anterior
1 cebolla
3 clavos de olor
1 rama de apio sin hojas
1 zanahoria
Unas ramitas de perejil
2 hojas de laurel
2 huevos duros
4 cucharadas de aceite
El zumo (jugo) de 1 limón
75 g de aceitunas verdes, deshuesadas
75 g de aceitunas negras, deshuesadas
Sal y pimienta

Escurra el agua del remojo de las lentejas y póngalas en una cazuela. Añada la cebolla con los clavos de olor pinchados en ella, el apio, la zanahoria, el perejil y el laurel. Cubra todo con agua fría y cocínelo a fuego lento durante 1 hora o hasta que las lentejas estén tiernas. Sazone con sal y pimienta en mitad de la cocción.

Mientras tanto, pele los huevos duros, separe las claras de las yemas y pique ambas por separado.

A continuación, escurra las lentejas y póngalas en una ensaladera para que se enfríen. Deseche las verduras y las hierbas, y pique la zanahoria agregándola a las lentejas.

Seguidamente, mezcle el aceite con el zumo de limón, sal y pimienta, batiendo con un tenedor, y vierta la salsa obtenida sobre las lentejas.

Por último, incorpore las aceitunas y ponga los huevos picados alrededor y sobre la superficie. Sirva la ensalada fría.

Tiempo de realización: 1 hora 15 minutos	Calorías por ración: 290

Receta Rápida

Ensalada multicolor

Ingredientes para 4 personas:
400 g de judías verdes (ejotes, habichuelas)
400 g de habas (fabas frescas) pequeñas sin piel
Un ramillete de perejil fresco
1 ramita de tomillo
2 hojas de laurel
2 cebollas pequeñas
200 g de granos de maíz (choclo, elote) cocido

Para el aderezo:
4 cucharadas de aceite
2 cucharadas de vinagre de vino
Sal y pimienta molida

Quite las hebras y las puntas de las judías y córtelas en trozos. Caliente agua con sal en una cazuela y cuando comience a hervir, agregue las judías y cocínelas hasta que estén tiernas. Escúrralas y resérvelas.

Mientras tanto, ponga otra cazuela con agua al fuego, añada el perejil, el tomillo, el laurel y una cebolla troceada. Sazone y cuando el agua comience a hervir, agregue las habas y cocínelas durante 5 minutos. Escúrralas y resérvelas.

A continuación, ponga en una ensaladera las judías verdes y las habas junto con los granos de maíz, el pimiento y la cebolla restante picada.

Seguidamente, mezcle en un recipiente el aceite, el vinagre, sal y pimienta al gusto, rocíe este aderezo sobre la ensalada y mezcle con suavidad todos los ingredientes. Sírvala a temperatura ambiente.

Tiempo de realización: 30 minutos | **Calorías por ración: 252**

Ensalada templada de habas

Ingredientes para 4 personas:
1 1/2 kg de habas (fabas frescas) tiernas
125 ml de aceite
2 cebolletas (cebolla larga) cortadas en aros finos
2 tomates (jitomates) pelados y picados
2 pimientos (pimentones) rojos de lata, picados
2 lonchas de jamón serrano
2 cucharadas de vinagre
1 cucharadita de hierbabuena fresca, picada
Sal

Quite las vainas de las habas, lave éstas y escúrralas bien.

A continuación, caliente 100 ml de aceite en una cacerola de fondo grueso, agregue las habas y cocínelas a fuego lento durante 40 minutos, removiéndolas de vez en cuando con cuidado, para que no se rompa la piel.

Mientras tanto, coloque las lonchas entre 2 placas de horno y áselas durante 10 minutos o hasta que estén crujientes. Resérvelas.

Seguidamente, agregue las cebolletas a las habas, sazone y cocine todo junto unos minutos. Retírelas del fuego y escúrralas bien con un colador grande. Viértalas en una fuente y agrégueles los tomates y los pimientos.

Por último, mezcle en un cuenco el aceite restante, el vinagre y la hierbabuena. Rocíe esta mezcla sobre las habas, rectifique la sazón y mezcle todo con cuidado. Trocee el jamón, coloque las lascas sobre las habas y sirva de inmediato.

Tiempo de realización: 50 minutos	Calorías por ración: 335

Ensalada veraniega

Ingredientes para 4 personas:

350 g de judías verdes (ejotes, habichuelas) cortadas en trozos
4 tomates (jitomates) maduros pero firmes, cortados en cuartos
300 g de champiñones (hongos, setas) cortados en rebanadas
250 g de maíz (choclo, elote) desgranado y cocinado
4 cucharadas de aceite
El zumo (jugo) de 1 limón
Unas ramitas de cebollino picado
1/2 cucharadita de tomillo picado
Sal y pimienta

Cocine las judías en agua hirviendo con sal hasta que estén tiernas. Escúrralas y déjelas enfriar.

A continuación, ponga en una fuente de servir, de forma decorativa, los tomates, los champiñones, el maíz y las judías.

Por último, mezcle el aceite con el zumo de limón, el cebollino, el tomillo, sal y pimienta. Rocíe la ensalada con el aderezo y sírvala.

Si dispone de poco tiempo, puede utilizar judías de bote. Conseguirá prácticamente los mismos resultados.

Tiempo de realización: 30 minutos	Calorías por ración: 233

Receta Rápida

Envueltos con queso

Ingredientes para 4 personas:

350 g de queso fresco (quesito)
1 huevo
8 hojas de repollo (col) cocinadas en agua con sal
4 cucharadas de leche
1/2 taza de caldo
4 cucharadas de pan rallado
4 cucharadas de queso Emmenthal (de prensa) rallado
4 cucharadas de tomate (jitomate) frito
Sal y pimienta

Desmenuce el queso fresco en un plato, añádale el huevo y mézclelos hasta formar una masa.

A continuación, extienda las hojas de repollo cocinadas y escurridas sobre una superficie plana y reparta la mezcla de queso y huevo preparada colocándola en el centro de las hojas. Dóblelas envolviendo la masa y forme 8 paquetitos.

Seguidamente, colóquelos en una cacerola cuidándose de poner los dobleces hacia abajo para evitar que se abran y se salga el relleno durante la cocción. Vierta por encima la leche, el caldo, el pan y el queso rallados y el tomate frito. Sazone con sal y pimienta al gusto y cocine a fuego lento durante 15 minutos.

Por último, retírelos del fuego y sírvalos bien calientes acompañados de arroz blanco.

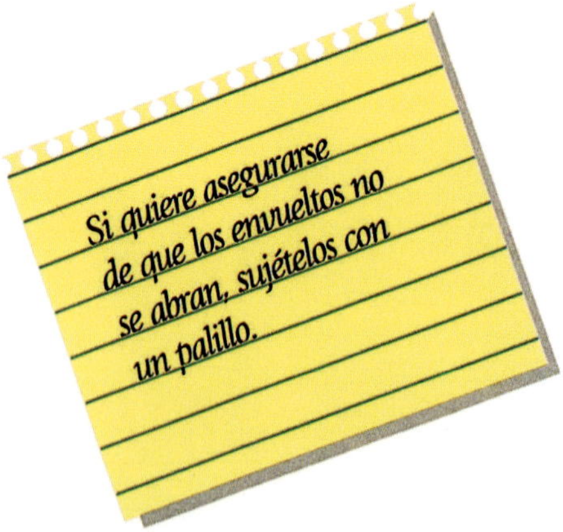

Tiempo de realización: 30 minutos	Calorías por ración: 265

Receta Rápida

Festival de legumbres

Ingredientes para 4 personas:
200 g de alubias (caraotas, frijoles) blancas, cocinadas
200 g de garbanzos cocinados
1 huevo duro, picado
150 g de gambas (camarones) cocinadas, peladas y desvenadas
2 tomates (jitomates) pelados y cortados en trozos
1 zanahoria rallada
Unas hojas de lechuga picadas
1 cebolla pequeña, picada
50 g de atún (cazón, tiburón, tuna)

Para el aderezo:
6 cucharadas de aceite
3 cucharadas de vinagre
Albahaca picada
Sal

Una vez cocinadas las legumbres, escurridas y frías, viértalas en una fuente honda.

A continuación, añada el huevo duro, las gambas cortadas por la mitad, los tomates, la zanahoria, la lechuga, la cebolla y el atún desmenuzado y mezcle todo bien.

Seguidamente, prepare el aderezo, mezclando en un cuenco el aceite junto con el vinagre, albahaca y sal al gusto.

Por último, vierta el aderezo sobre la ensalada, mezcle todo bien revolviendo con cuidado y sírvala.

Tiempo de realización: 15 minutos — Calorías por ración: 348

Receta Rápida

Fideuá

Ingredientes para 6 personas:

- ✓ *600 g de fideos medios o gruesos*
- ✓ *3 cucharadas de aceite de oliva*
- ✓ *6 cigalas (langostinos)*
- ✓ *350 g de gambas (camarones)*
- ✓ *250 g de chipirones (o calamares pequeños)*
- ✓ *200 g de tomate (jitomate) al natural, triturado*
- ✓ *1 1/2 l de caldo de pescado*
- ✓ *Un trocito de guindilla (ají, chile)*
- ✓ *3 dientes de ajo*
- ✓ *Una ramita de perejil*
- ✓ *Sal*

Caliente el aceite en una paella al fuego, añada las cigalas y las gambas (**1**) y saltéelas; retírelas, incorpore los chipirones limpios y cortados en aros y sofríalos.

A continuación, retire los chipirones de la paella, vierta en ésta el tomate y fríalo.

Incorpore el caldo de pescado (**2**), la guindilla y los ajos, previamente machacados en un mortero, junto con el perejil, sazone con un poco de sal y deje que cuezan durante unos minutos. Por último, agregue los fideos (**3**), los chipirones, las gambas, a las que habrá retirado las cabezas y las cigalas, y continúe la cocción hasta que los fideos estén en su punto y el líquido de cocción se haya consumido.

1

2

3

Tiempo de realización: 40 minutos	Calorías por ración: 366

Frituras de coliflor

Ingredientes para 4 personas:

✓ *1 coliflor (aprox. 1 kg)*
✓ *7 cucharadas de harina*
✓ *1 huevo*
✓ *1/2 vaso de vino blanco seco*
✓ *Abundante aceite para freír*
✓ *Sal y pimienta negra recién molida*

1

2

3

Vierta en un cuenco la harina junto con una pizca de sal, pimienta y el huevo, revuelva cuidadosamente con una cuchara de madera y añada el vino blanco seco. Mezcle bien hasta obtener una crema suave y homogénea. Tape el recipiente con una hoja de plástico transparente y deje reposar el preparado en un lugar fresco mientras cocina la coliflor.

A continuación, limpie la coliflor eliminando las hojas exteriores y el tronco, lávela, espolvoréela con perejil (1) e introdúzcala entera en una cazuela al fuego con abundante agua hirviendo con sal. Cuando esté cocinada "al dente", escúrrala, deje que se enfríe y córtela en manojitos regulares (2).

Seguidamente, introdúzcalos poco a poco en el compuesto previamente preparado y fríalos en una sartén al fuego con abundante aceite hirviendo (3). Déjelos escurrir sobre papel absorbente para evitar el exceso de grasa y sírvalos.

Tiempo de realización: 1 hora 10 minutos	Calorías por ración: 219

Garbanzos con espárragos

Ingredientes para 4 personas:

350 g de garbanzos puestos en remojo el día anterior
400 g de espárragos trigueros (verdes)
5 cucharadas de aceite
2 dientes de ajo pelados
1 rebanada de pan
1 ñora (pimentón rojo seco, ají dulce seco)
2 hojas de laurel
1 cucharadita de cominos
2 tomates medianos, pelados y picados
1 cebolla picada
1 pimiento (pimentón) verde, picado
Sal

Escurra los garbanzos del agua del remojo. Ponga a calentar agua con sal en una cazuela y, cuando hierva, agregue los garbanzos y cocínelos hasta que estén tiernos.

Mientras tanto, caliente 2 cucharadas de aceite en una sartén y fría los ajos junto con el pan, la ñora ligeramente remojada, el laurel y los cominos. Cuando todo esté frito, retire el laurel y machaque todos los ingredientes restantes en el mortero.

A continuación, caliente el aceite restante y fría los tomates junto con la cebolla y el pimiento. Agregue los espárragos y fríalos ligeramente.

Cuando los garbanzos estén tiernos, incorpóreles el majado y el sofrito con los espárragos. Mézclelo bien, rectifique la sazón y cocine todo a fuego lento durante 15 minutos.

Tiempo de realización: 2 horas y 30 minutos **Calorías por ración: 320**

Receta Rápida

Gazpacho de judías verdes

Ingredientes para 4 personas:
500 g de judías verdes (ejotes, habichuelas)
2 dientes de ajo
5 cucharadas de aceite
1/2 ventresca de bonito (atún, tuna)
1 tomate (jitomate) mediano, cortado en cuadraditos
Sal

Corte las puntas de las judías, quite las hebras de los lados, lávelas bien y trocéelas.

A continuación, caliente abundante agua en una cacerola y cuando comience a hervir, añada las judías, sálelas y cocínelas durante 10 minutos. Cuélelas reservando una taza del caldo y refrésquelas bajo un chorro de agua fría.

Seguidamente, vierta las judías y el caldo reservado en una batidora potente. Agregue los ajos pelados y escaldados y el aceite y bata todo hasta obtener una crema homogénea. Pásela por un chino o pasapurés y resérvela en el frigorífico.

Lave la ventresca, séquela, sazónela y cocínela en el horno, precalentado a 205° C (400° F), durante 8 o 10 minutos. Retírela del horno y, antes de que se enfríe, separe la lascas con cuidado.

Por último, reparta la crema en platos o cuencos individuales, coloque las lascas de ventresca por la superficie y decore con el tomate picado.

Tiempo de realización: 25 minutos   Calorías por ración: 293

Receta Rápida

Guisantes con cebollitas

Ingredientes para 4 personas:

300 g de guisantes (arvejas, chícharos) congelados
250 g de cebollitas francesas (chalotes, escalonias)
1 cogollo de lechuga cortado en juliana
2 cucharadas de mantequilla
1 ramita de hierbabuena picada
1 huevo duro picado
Sal

Cocine las cebollitas en una cacerola con agua hirviendo y sal, durante 20 minutos.

A continuación, añada a la cacerola los guisantes y la lechuga y cocine todo junto a fuego lento hasta que los guisantes estén tiernos. Escurra el líquido de cocción y reserve las verduras.

Seguidamente, caliente la mantequilla en una sartén y vierta en ella las verduras reservadas y la hierbabuena. Rehogue todo junto durante 2 o 3 minutos y rectifique la sazón.

Por último, vierta el preparado en una fuente de servir, espolvoree por encima el huevo picado y sírvalo bien caliente.

Si tiene poco tiempo para preparar el plato, puede cocinarlo en la olla a presión y además conseguirá conservar todas sus vitaminas.

Tiempo de realización: 45 minutos	Calorías por ración: 121

Guiso de judías con costillas

Ingredientes para 6 personas:

✓ *750 g de judías verdes (ejotes, habichuelas) troceadas*
✓ *500 g de costillas de cerdo (cochino, chancho) cortadas en trozos*
✓ *1 cucharadita de tomillo*
✓ *2 hojas de laurel picadas*
✓ *1 cucharadita de romero*
✓ *1 copa de vino blanco, seco*
✓ *3 cucharadas de aceite*
✓ *2 cebolletas (cebolla larga) picadas*
✓ *2 dientes de ajo machacados*
✓ *2 tomates (jitomates) pelados y picados*
✓ *Sal y pimienta*

1

Mezcle el tomillo, el laurel, el romero, un poquito de vino, sal y pimienta. Vierta la mezcla sobre las costillas **(1)**, revuélvala bien y déjela macerar durante 1 hora.

2

Mientras tanto, ponga las judías en una cacerola con agua y sal y cocínelas hasta que estén tiernas.

A continuación, caliente el aceite en una sarten y fría las costillas hasta que estén doradas. Agregue las cebolletas, los ajos y los tomates **(2)**, rocíe con un poco del caldo de cocinar las judías y el vino restante, y cocine 15 minutos.

Por último, incorpore las costillas a la cacerola con las judías **(3)** y cocine todo junto durante 10 minutos.

3

Tiempo de realización: 1 hora 40 minutos	Calorías por ración: 242

Receta Rápida

Habas con mejillones

Ingredientes para 4 personas:

600 g de habas (fabas frescas) congeladas, sin piel
2 kg de mejillones (choros, moule)
2 cucharadas de mantequilla
1 diente de ajo picado
1 cebolla pequeña, picada
1/2 vaso de vino blanco, seco
3 cucharadas de nata (crema de leche) líquida
1 cucharada de perejil picado
Sal

Caliente agua en una cacerola y cuando rompa a hervir, agregue sal y vierta las habas. Cocínelas durante 20 minutos. Retírelas del agua y resérvelas aparte.

Mientras tanto, limpie muy bien los mejillones, raspándolos bajo un chorro de agua fría para quitar toda la suciedad que puedan tener adherida. Póngalos en una cazuela al fuego y cuando estén abiertos, retire las valvas y reserve los mejillones.

A continuación, caliente la mantequilla en una sartén al fuego y rehogue el ajo y la cebolla. Cuando estén transparentes, incorpore las habas, el vino y la nata y cocínelas durante 5 minutos.

Seguidamente, incorpore el perejil y los mejillones reservados. Revuelva todo bien, tape la sartén y cocine 2 minutos.

Por último, retire del fuego, deje reposar unos minutos y sirva.

Tiempo de realización: 30 minutos **Calorías por ración: 310**

Receta Rápida

Huevos primavera

Ingredientes para 4 personas:

4 huevos
3 tomates (jitomates) pelados y cortados en cuadraditos pequeños
1 cucharadita de orégano
1 calabacín (calabacita, chauchita, zucchini) troceado
300 g de guisantes (arvejas, chícharos)
250 g de champiñones, bien limpios y cortados en láminas gruesas
2 cucharadas de aceite
1 cebolla picada
1 diente de ajo picado
1 cucharada de perejil picado
Sal y pimienta

Ponga los tomates en un recipiente refractario, sazónelos con sal y pimienta, espolvoréelos con el orégano, tape el refractario con papel de aluminio e introdúzcalo en el horno, precalentado a 180° C (350° F), durante 30 minutos.

Mientras tanto, ponga una cacerola con agua y sal al fuego y cuando comience a hervir, agregue el calabacín, los guisantes y los champiñones y cocínelos durante 15 minutos. Escurra todo bien y resérvelo.

A continuación, caliente el aceite en una sartén y rehogue la cebolla y el ajo hasta que estén transparentes. Añada las verduras escurridas y saltee todo durante 5 minutos.

Seguidamente, retire los tomates del horno y repártalos en cuatro cazuelitas individuales. Reparta también las verduras rehogadas y casque un huevo en el centro de cada cazuela.

Por último, introdúzcalas en el horno caliente y cocínelas hasta que los huevos estén cuajados. Retírelas del horno, espolvoréelas con el perejil y sírvalas.

NOTA: Si lo desea, puede escalfar los huevos en agua y colocarlos en las cazuelas en el momento de servir.

Tiempo de realización: 40 minutos	Calorías por ración: 198

Judías marineras

Ingredientes para 4 personas:
500 g de judías (alubias, caraotas, frijoles) blancas, puestas en remojo el día anterior
1 cebolla
1 hoja de laurel
300 g de almejas (pepitonas)
4 cucharadas de aceite
2 dientes de ajo picados
2 tomates (jitomates) pelados y picados
1 pimiento (pimentón) verde, picado
1 cucharada de perejil picado
Sal

Escurra las judías del agua del remojo, póngalas en una cazuela, cúbralas de nuevo con agua fría, añada media cebolla y el laurel y ponga la cazuela al fuego. Cuando el agua rompa a hervir agregue un chorro de agua fría para interrumpir la cocción y cocine las judías hasta que estén tiernas.

Mientras tanto, lave las almejas, cúbralas con agua y un poco de sal y déjelas en remojo durante 1 hora para que suelten la tierra.

A continuación, caliente el aceite en una sartén y rehogue la cebolla restante, previamente picada, junto con los ajos. Agregue los tomates y el pimiento, sazone y fría todo junto durante 10 minutos.

Seguidamente, lave de nuevo las almejas e incorpórelas al sofrito. Revuelva todo bien y cocine hasta que las almejas se abran.

Por último, cuando las judías estén tiernas, agrégueles el sofrito con almejas, retirando las que no se hayan abierto. Cocine todo junto durante 10 minutos para que se mezclen los sabores, rectifique la sazón, espolvoréelas con el perejil y sírvalas bien calientes.

Tiempo de realización: 1 hora 40 minutos **Calorías por ración: 261**

Receta Rápida

Judías verdes con almendras

Ingredientes para 6 personas:

500 g de judías verdes (ejotes, habichuelas)
4 cucharadas de aceite de oliva
1 diente de ajo picado
1 cebolla pequeña picada
50 g de almendras tostadas y picadas
Sal y pimienta

Limpie las judías quitando las hebras de los lados. Córtelas por la mitad en sentido longitudinal y después en trozos de 5 o 6 cm. Lávelas y cocínelas en agua con sal hasta que comiencen a estar tiernas pero no demasiado. Escúrralas y resérvelas aparte.

A continuación, caliente el aceite en una sartén y rehogue el ajo y la cebolla hasta que ésta esté transparente. Incorpore las judías y rehogue todo junto, revolviendo con una cuchara de madera, durante 10 minutos.

Por último, rectifique la sazón y sírvalas espolvoreadas con las almendras picadas.

Al finalizar el rehogado puede incorporar un chorrito de vino o vinagre.

Tiempo de realización: 40 minutos | Calorías por ración: 185

Lasaña vegetal

Ingredientes para 6 personas:
300 g de hojas de pasta para lasaña
4 cucharadas de aceite
1 cebolla finamente picada
2 calabacines (hocos, zapallitos), picados
500 g de tomates (jitomates) picados
1 berenjena picada
1 cucharadita de orégano molido
2 cucharadas de mantequilla
2 cucharadas de harina
1 taza de caldo de verduras
1 taza de leche
3 cucharadas de queso gruyère rallado
5 nueces picadas
1 cucharada de cilantro picado
Sal y pimienta recién molida

Caliente el aceite en una sartén al fuego y cocine la cebolla hasta que esté transparente. Añada las verduras y cocine lentamente durante unos 30 minutos. Sazone con sal y pimienta, agregue el orégano, revuelva bien con una cuchara de madera, escurra el exceso de líquido y reserve.

A continuación, derrita la mantequilla en una cacerola al fuego, agregue la harina en forma de lluvia, déle unas vueltas con una cuchara e incorpore el caldo y la leche. Cocine a fuego lento sin dejar de mover hasta obtener una bechamel clara. Sazone con sal y pimienta.

Seguidamente, cocine la pasta en agua con sal, refrésquela en agua fría y arme la lasaña en una fuente, alternando capas de pasta, bechamel y verduras, y terminando con lasaña.

Por último, espolvoree por la superficie el queso, las nueces y el cilantro e introduzca la fuente en el horno, precalentado a 180° C (350° F), hasta que la superficie esté dorada.

Tiempo de realización: 1 hora	Calorías por ración: 340

Limones rellenos

Ingredientes para 4 personas:

✓ *4 limones grandes*
✓ *200 g de queso de Burgos (queso fresco, requesón)*
✓ *1 lata de 200 g de bonito (atún, tuna) al natural*
✓ *2 pepinillos en vinagre, picados*
✓ *10 aceitunas (olivas) verdes, sin hueso*
✓ *1 pimiento (pimentón) rojo de lata, picado*
✓ *1 cucharada de alcaparras*
✓ *4 cucharadas de aceite*
✓ *1 lechuga pequeña*
✓ *1 pimiento (pimentón) rojo de lata, cortado en tiras*
✓ *4 aceitunas (olivas) negras*
✓ *Sal y pimienta*

1

2

3

Lave bien los limones, córtelos por la mitad en sentido longitudinal y retíreles la pulpa procurando no romper la cáscara **(1)**. Quite la piel y las pipas a los gajos y píquelos.

A continuación, desmenuce el queso en un cuenco, agréguele los trocitos de limón sin el zumo que hayan soltado. Desmenuce el bonito, previamente escurrido, y añádalo al queso **(2)**.

Seguidamente, incorpore los pepinillos, las aceitunas verdes, el pimiento y las alcaparras. Rocíelos con el aceite **(3)** y sazone todo con sal y pimienta.

Por último, rellene las cáscaras de los limones. Ponga las hojas de lechuga en una fuente, coloque los limones rellenos sobre ella y decórelos con el pimiento y las aceitunas negras.

Tiempo de realización: 20 minutos	Calorías por ración: 318

Receta Rápida

Macarrones a las hierbas

Ingredientes para 4 personas:

300 g de macarrones
3 cucharadas de aceite
1 diente de ajo picado
1 cebolla mediana, picada
1 zanahoria pequeña, picada
2 tallos de apio (celerí) picados
1 cucharadita de albahaca picada
1 cucharadita de perejil picado
250 g de carne de ternera picada
1/2 vaso de vino tinto
2 cucharadas de salsa de tomate (jitomate)
1 cucharadita de extracto de carne
50 g de queso parmesano rallado
Sal y pimienta

Cocine los macarrones en abundante agua hirviendo con sal, hasta que estén "al dente". Escúrralos y reserve.

Mientras tanto, caliente el aceite en una sartén grande y rehogue el ajo y la cebolla unos minutos. Incorpore la zanahoria, el apio, la albahaca y el perejil y cocine a fuego lento durante 10 minutos. Si fuera necesario, añada un poquito de agua para que no se resequen las hortalizas.

A continuación, agregue la carne y cocine 4 o 5 minutos más. Incorpore el vino, la salsa de tomate y el extracto de carne y cocine hasta que todo esté tierno. Sazone con sal y pimienta.

Por último, mezcle la salsa preparada con los macarrones cocinados, espolvoree con el queso parmesano y sírvalos bien calientes.

Tiempo de realización: 40 minutos   Calorías por ración: 380

Macarrones con coliflor

Ingredientes para 4 personas:

300 g de macarrones
1 coliflor (brécol, brócoli) cortada en ramitos
2 cucharadas de mantequilla
1 cucharada de harina
350 ml de leche
2 cucharadas de mostaza
75 g de queso rallado
Sal y pimienta

Cocine la coliflor en agua con sal hasta que esté tierna. Escúrrala y resérvela.

Mientras tanto, cocine los macarrones en abundante agua hirviendo con sal, hasta que estén "al dente". Escúrralos y resérvelos.

A continuación, caliente la mantequilla en una sartén y dore la harina. Agregue la leche sin dejar de revolver y cocine hasta que espese ligeramente.

Seguidamente, incorpore la mostaza y el queso y continúe la cocción durante unos minutos. Sazone con sal y pimienta.

Por último, mezcle los macarrones con la coliflor y la salsa preparada, revolviendo todo bien y sírvalos calientes.

Para que la coliflor no desprenda tanto su olor característico al cocer, puede incorporar, cuando el agua comience a hervir, un trozo de miga de pan empapado en vinagre.

Tiempo de realización: 40 minutos	Calorías por ración: 350

Menestra

Ingredientes para 6 personas:
300 g de habas (fabas frescas) desgranadas
500 g de alcachofas (alcauciles) tiernas
12 cebollitas muy pequeñas
250 g de judías verdes (ejotes, habichuelas)
250 g de guisantes (arvejas, chícharos)
300 g de zanahorias
200 g de coles de Bruselas
500 g de patatas (papas)
8 cucharadas de aceite
1 cebolla picada
2 dientes de ajo
1 cucharada de perejil picado
1 copa de vino blanco
1 cucharada de harina
Sal

Limpie todas las verduras, pélelas y trocéelas excepto las cebollitas, que deberá dejar enteras.

A continuación, caliente el aceite en una cacerola grande y rehogue la cebolla picada hasta que esté transparente. Incorpore las verduras preparadas y mezcle todo bien.

Seguidamente, machaque en el mortero los ajos y el perejil. Dilúyalos con el vino y agréguelos a las verduras. Espolvoree la harina sobre las verduras, revuelva todo con una cuchara de madera y cúbralo con agua. Sale y cocine a fuego muy lento hasta que todas las verduras estén tiernas.

Por último, pruebe la menestra, rectifique la sazón si fuera necesario y sírvala bien caliente sola o acompañada de huevos escalfados.

Tiempo de realización: 1 hora	Calorías por ración: 367

Mousse de brécol

Ingredientes para 4 personas:
300 g de brécol (brócoli)
3 huevos
250 ml de nata (crema de leche) líquida
Una pizca de nuez moscada
1 taza de bechamel clarita
Sal y pimienta

Separe el brécol en ramitos, lávelo y cocínelo en agua hirviendo con sal, durante 15 o 20 minutos. Escúrralo bien, reserve unos 50 g y vierta el brécol restante en una batidora.

A continuación, añada los huevos y la nata y bata todo junto hasta formar un puré. Condiméntelo con nuez moscada, sal y pimienta, y vierta el preparado en un molde rectangular previamente engrasado.

Seguidamente, introduzca el molde en el horno, precalentado a 180° C (350° F), y cocine la mousse al baño María durante 1 hora o hasta que esté cuajada.

Mientras tanto, bata la bechamel con el brécol reservado y caliente la crema obtenida.

Por último, desmolde la mousse, cúbrala con la crema de brécol y sírvala decorándola al gusto.

NOTA: Puede acompañar la mousse con unas tiras de pan frito.

Tiempo de realización: 1 hora 30 minutos   Calorías por ración: 346

Mousse de judías verdes

Ingredientes para 4 personas:

✓ *500 g de judías verdes (ejotes, habichuelas)*
✓ *500 g de mejillones (choro, moule)*
✓ *1 copa de vino blanco*
✓ *1/2 taza de agua*
✓ *4 huevos*
✓ *2 tomates (jitomates) grandes, pelados y picados*
✓ *2 huevos duros*
✓ *1/2 cucharadita de tomillo*
✓ *Sal y pimienta*
✓ *Salsa de yogur*

1

2

3

Quite las hebras y las puntas de las judías y córtelas en trozos, reservando unas cuantas enteras para la decoración.

A continuación, ponga en una cacerola los mejillones bien limpios junto con el vino y el agua, y cocínelos a fuego vivo para que se abran. Filtre el caldo, resérvelo y extraiga los mejillones de las valvas (1).

Caliente el caldo filtrado en una cazuela limpia, añada un poco más de agua y sal y cuando hierva, agregue las judías y cocínelas 20 minutos. Después escúrralas ligeramente, reserve las judías enteras y vierta las restantes en una batidora junto con los 4 huevos (2), sal y pimienta. Bata todo hasta obtener un puré y viértalo en un molde ligeramente engrasado (3). Cocínelo en el horno al baño María 45 minutos.

Mientras tanto, condimente los tomates con el tomillo, sal y pimienta, y pique los huevos duros separando las yemas de las claras.

Por último, desmolde la mousse y rodéela con los tomates preparados. Decore la superficie con las judías, los huevos picados y los mejillones y sírvala acompañada con la salsa de yogur u otra al gusto.

Tiempo de realización: 1 hora 15 minutos — **Calorías por ración: 207**

Paella de verduras

Ingredientes para 4 personas:

✓ *2 tazas de arroz*
✓ *1 pimiento (pimentón) verde*
✓ *1 pimiento (pimentón) rojo*
✓ *2 zanahorias*
✓ *1 calabacín (calabacita, chauchita, zucchini)*
✓ *100 g de judías verdes (ejotes, habichuelas)*
✓ *1 tomate (jitomate) grande, pelado*
✓ *250 g de guisantes (arvejas, chícharos) congelados*
✓ *1 cebolla pequeña, picada*
✓ *2 cucharadas de aceite*
✓ *1 cucharadita de pimentón (color) picante en polvo*
✓ *2 dientes de ajo*
✓ *Unas ramitas de perejil*
✓ *Azafrán (color, achiote)*
✓ *4 tazas de caldo de verduras*
✓ *Sal*

1

2

3

Lave las verduras y córtelas en cuadraditos (**1**). Deje descongelar los guisantes.

Caliente el aceite en una paellera y rehogue la cebolla hasta que esté transparente. Agregue todas las verduras, excepto los ajos, y saltéelas durante 15 minutos.

Añada el pimentón, mézclelo bien con las verduras, incorpore el arroz y cocine todo junto (**2**), sin dejar de revolver, hasta que el arroz comience a estar transparente. Machaque los ajos y el perejil junto con el azafrán, dilúyalos con un poco de agua e incorpórelos al preparado anterior.

Por último, rocíe el arroz y las verduras con el caldo (**3**), rectifique la sazón, y cocine durante 20 minutos o hasta que el arroz esté en su punto. Deje reposar la paella unos minutos antes de servirla.

Tiempo de realización: 55 minutos	Calorías por ración: 234

Receta Rápida

Pasta con verduras

Ingredientes para 4 personas:

350 g de pasta al gusto
4 cucharadas de aceite
2 dientes de ajo picados
2 zanahorias grandes cortadas en tiras finas
1 calabacín (calabacita, chauchita, zucchini) cortado en tiras finas
1 cebolla picada
1/2 pimiento (pimentón) rojo, cortado en tiras finas
1/2 pimiento (pimentón) verde, cortado en tiras finas
Sal y pimienta

Caliente el aceite en una sartén grande y sofría ligeramente los ajos.

A continuación, añada todas las verduras restantes y rehóguelas lentamente durante 10 o 15 minutos hasta que estén tiernas revolviéndolas de vez en cuando. Sazónelas con sal y pimienta y retire la sartén del fuego.

Mientras tanto, caliente abundante agua con sal en una cacerola y cuando comience a hervir, agregue la pasta y cocínela a fuego fuerte hasta que esté "al dente". Escúrrala bien.

Por último, añada la pasta, bien escurrida, a la sartén con las verduras. Mezcle todo bien y sírvalo muy caliente.

Si lo desea, puede agregar a las verduras, una vez cocinadas, 1 o 2 cucharadas de salsa de soja.

Tiempo de realización: 25 minutos	Calorías por ración: 235

Receta Rápida

Pastel de coliflor y brécol

Ingredientes para 4 personas:

500 g de coliflor
500 g de brécol (brócoli)
50 ml de vinagre
4 huevos
5 cucharadas de mantequilla
2 cucharadas de harina
250 ml de leche
1 pizca de nuez moscada
1 cucharada de perejil picado
50 g de queso gruyère rallado
Sal y pimienta

Separe la coliflor y el brécol en pellas y cocínelas por separado en agua hirviendo con sal y vinagre, durante 15 minutos. Escúrralos y resérvelos.

A continuación, ponga la coliflor en la batidora y hágala puré. Añádale 2 huevos y bata de nuevo. Repita la operación, esta vez con el brécol, agregándole los huevos restantes, incorpore a cada puré 1 cucharada de mantequilla y rectifique la sazón. Reserve ambos por separado.

Seguidamente, engrase un molde rectangular con 1 cucharada de mantequilla y llénelo alternando capas de los 2 purés. Introduzca el pastel en el horno precalentado a 220° C (425° F) y cocínelo al baño María durante 15 minutos.

Mientras tanto, prepare una bechamel con la mantequilla restante, la harina y la leche. Sazónela con nuez moscada, sal y pimienta y reserve caliente.

Por último, desmolde el pastel, y sírvalo en lonchas gruesas con la bechamel y espolvoreado con el perejil y el queso rallado.

Tiempo de realización: 40 minutos | Calorías por ración: 307

Receta Rápida

Patatas aliñadas

Ingredientes para 6 personas:

1 kg de patatas (papas)
1 cebolla picada
2 tomates (jitomates) cortados en daditos
2 pimientos (pimentones) verdes cortados en daditos
100 ml de aceite
2 cucharadas de vinagre
Sal

Pele las patatas, córtelas en trozos regulares y cocínelas en agua hirviendo con sal durante 20 minutos o hasta que estén tiernas. Escúrralas y déjelas enfriar.

A continuación, cuando las patatas estén frías, viértalas en una fuente de servir. Añádales la cebolla, los tomates y los pimientos y revuelva todo bien.

Por último, mezcle el aceite con el vinagre y sal al gusto. Rocíelos sobre la ensalada, revuelva todo bien y sirva las patatas decorándolas al gusto.

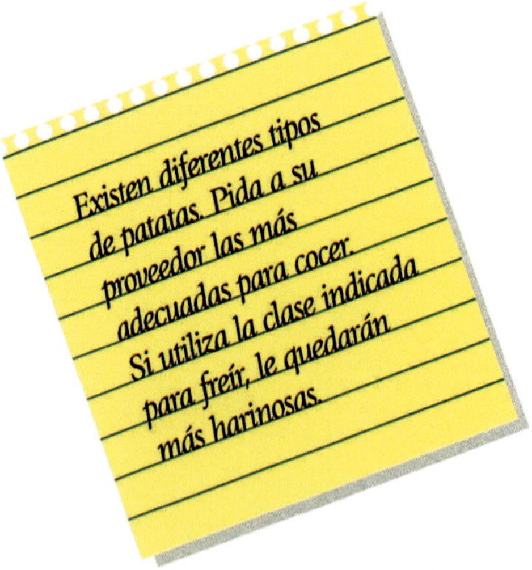

Tiempo de realización: 40 minutos	Calorías por ración: 267

Patatas con gambas

Ingredientes para 4 personas:
750 g de patatas (papas) troceadas
300 g de gambas (camarones)
5 cucharadas de aceite
1 cebolla pequeña, picada
2 tomates (jitomates) maduros, pelados y picados
1 pimiento (pimentón) verde, troceado
1 copa de vino blanco
1 diente de ajo
Unas ramitas de perejil
Unas hebras de azafrán (achiote, color)
Sal

Pele las gambas y resérvelas. Ponga las cáscaras y las cabezas en una cacerola con un litro de agua y un poco de sal y cuézalas durante 10 minutos. Pase todo por un colador, aplastando bien las cabezas y las cáscaras para que suelten todo el jugo y reserve el caldo obtenido.

A continuación, caliente el aceite en una cazuela y rehogue la cebolla a fuego lento hasta que esté transparente. Incorpore los tomates, el pimiento y las patatas y rehogue todo junto durante 5 minutos.

Seguidamente, rocíelo con el vino y el caldo reservado y cocínelo a fuego lento durante 10 minutos.

Por último, haga un majado con el ajo, el perejil y el azafrán. Agréguelo al guiso y cocine todo hasta que las patatas estén tiernas. Incorpore las gambas y cocínelas durante 1 minuto. Sirva inmediatamente.

Tiempo de realización: 50 minutos — Calorías por ración: 364

Patatas con puerros

Ingredientes para 4 personas:

350 g de patatas (papas) cortadas en dados
3 puerros (poros) limpios y cortados en rodajas gruesas
1 pimiento (pimentón) choricero (seco)
4 cucharadas de aceite
1 cebolla mediana, picada
2 dientes de ajo picados
2 zanahorias cortadas en rodajas
5 tazas de agua
100 g de bacalao desalado y desmigado
Sal

Abra el pimiento por la mitad y póngalo en remojo en agua templada para que se hidrate.

A continuación, caliente el aceite en una cazuela y rehogue la cebolla y los ajos hasta que comiencen a tomar color.

Mientras tanto, escurra el pimiento una vez que se haya hidratado y raspe la pulpa con un cuchillo.

Seguidamente, incorpore a la cazuela la pulpa del pimiento junto con los puerros y las zanahorias y rehogue todo a fuego lento durante 10 minutos.

Por último, agregue el agua y un poco de sal teniendo en cuenta que el bacalao tiene sal, y cocine todo tapado a fuego lento durante 20 minutos. Incorpore las patatas y el bacalao y cocínelo otros 20 minutos o hasta que las patatas estén tiernas. Si el guiso resultara muy caldoso, machaque unas patatas y vierta este puré en la cazuela para espesar la salsa. Si lo desea, espolvoréelo con perejil antes de servir.

Tiempo de realización: 1 hora	Calorías por ración: 247

Receta Rápida

Pipirrana

Ingredientes para 4 personas

- ✓ *250 g de bacalao seco salado*
- ✓ *3 dientes de ajo*
- ✓ *1 lechuga*
- ✓ *1 pepino (cohombro) parcialmente pelado*
- ✓ *2 pimientos (pimentones) verdes*
- ✓ *2 tomates (jitomates) rojos*
- ✓ *El zumo (jugo) de 1/2 limón*
- ✓ *4 cucharadas de aceite*
- ✓ *100 g de aceitunas (olivas) negras*
- ✓ *Sal*

1

Limpie bien el bacalao quitándole toda la piel y las espinas. Desmenúcelo y póngalo en remojo en un cuenco con abundante agua, durante 2 o 3 horas.

2

Mientras tanto, pele los ajos y áselos enteros en una parrilla. Lave bien la lechuga, píquela y viértala en una ensaladera. Corte el pepino en cuartos en sentido longitudinal y trocéelo **(1)**.

A continuación, corte los pimientos y los tomates en dados y viértalos, junto con el pepino, en la ensaladera **(2)**.

3

Seguidamente, escurra bien el bacalao con las manos e incorpórelo a la ensalada. Sazónela ligeramente y alíñela con el zumo de limón y el aceite **(3)**.

Por último, decore la superficie con las aceitunas y sirva la pipirrana.

Tiempo de realización: 40 minutos | **Calorías por ración: 204**

Pisto manchego

Ingredientes para 4 personas:

✓ *1 cebolla grande, picada*
✓ *6 cucharadas de aceite*
✓ *2 pimientos (pimentones) verdes, cortados en dados*
✓ *1 pimiento (pimentón) rojo, cortado en dados*
✓ *500 g de calabacines (calabacitas, chauchitas, zucchini) pelados y cortados en dados*
✓ *500 g de tomates (jitomates) pelados y picados*
✓ *Sal*

1

2

3

Caliente el aceite en una cacerola al fuego, añada la cebolla picada y rehóguela hasta que esté transparente **(1)**.

A continuación, incorpore los pimientos a la cacerola y revuélvalos bien. Agregue los calabacines **(2)** y cocine a fuego lento durante 6 o 7 minutos o hasta que las verduras estén bien rehogadas.

Seguidamente, incorpóreles los tomates, mezcle de nuevo y cocine todo junto a fuego lento, durante 30 minutos, revolviendo el pisto de vez en cuando para evitar que las verduras se peguen al fondo de la cacerola.

Por último, cuando el pisto esté casi en su punto, sazónelo **(3)** y termínelo de cocinar. Sírvalo bien caliente.

Tiempo de realización: 50 minutos | Calorías por ración: 207

Receta Rápida

Puerros con tomate

Ingredientes para 4 personas:

500 g de puerros (poros)
2 cucharadas de aceite
1 diente de ajo picado
450 g de tomates (jitomates)
1 cucharadita de azúcar moreno
2 cucharadas de hierbabuena picada
2 tazas de caldo de pollo
Sal y pimienta
Albahaca fresca para la decoración

Quite las hojas exteriores de los puerros, lávelos muy bien bajo un chorro de agua fría y córtelos en rodajas.

A continuación, caliente agua en un cazo y cuando comience a hervir, agregue los tomates y escáldelos durante un par de minutos. Refrésquelos con agua fría, pélelos y píquelos.

Seguidamente, caliente el aceite en una cazuela de fondo grueso y rehogue el ajo. Añada los tomates, el azúcar y la hierbabuena, y cocine revolviendo de vez en cuando, durante 10 minutos.

Por último, agregue los puerros y el caldo, tape la cazuela y cocine todo durante 30 minutos o hasta que los puerros estén tiernos. Rectifique la sazón y sírvalos con las hojas de albahaca.

Si al finalizar la cocción el plato le quedara con demasiado líquido, cuézalo destapado durante unos minutos.

Tiempo de realización: 45 minutos | Calorías por ración: 131

Puré de garbanzos

Ingredientes para 4 personas:
200 g de garbanzos
1 patata (papa) entera, pelada
1 cebolla entera, pelada
2 clavos de olor
1 hoja de laurel
1 ramita (palito) de canela
2 cucharadas de aceite
2 rebanadas de pan cortadas en daditos
Aceite para freír
1 cucharada de perejil picado
Sal

Ponga los garbanzos en remojo el día anterior. Al día siguiente, lávelos bien y póngalos en un colador para que escurran.

A continuación, ponga agua en una olla y cuando hierva, agregue los garbanzos escurridos, la patata, la cebolla con los clavos de olor pinchados en ella, el laurel, la canela y sal. Tape la olla y cocine todo a fuego lento durante 1 1/2 horas o hasta que los garbanzos estén tiernos.

Mientras tanto, caliente el aceite en una sartén y fría los daditos de pan hasta que estén dorados.

Seguidamente, aparte la olla del fuego, retire el laurel y la canela y pase todo por una batidora potente o un pasapurés para desechar los hollejos.

Por último, vierta el puré en una sopera y sírvalo bien caliente decorándolo con el pan frito y el perejil picado.

Tiempo de realización: 1 hora 40 minutos — Calorías por ración: 194

Ruedas con albahaca

Ingredientes para 4 personas:

250 g de ruedas o cualquier otra pasta al gusto
2 calabacines (calabacitas, chauchitas, zucchini) cortados en rodajas finas
150 g de guisantes (arvejas, chícharos)
100 g de habas (fabas frescas)
1 huevo duro troceado
1 tomate (jitomate) mediano, pelado y sin semillas
Un manojito de albahaca
3 cucharadas de aceite
Sal y pimienta

Ponga al fuego una cacerola con agua y sal, y cuando comience a hervir, agregue los calabacines, los guisantes y las habas y cocínelos durante 10 o 15 minutos hasta que todo esté tierno. Cuele las verduras y resérvelas calientes.

A continuación, caliente abundante agua con sal en una cacerola y cuando comience a hervir, agregue la pasta y cocínela a fuego fuerte hasta que esté "al dente".

Mientras tanto, vierta en el vaso de la batidora el huevo duro junto con el tomate, la albahaca, el aceite, sal y pimienta. Bata todo hasta obtener una crema homogénea.

Seguidamente, cuele la pasta cocinada y viértala en una fuente. Incorpore las verduras y mézclelas bien con la pasta. Agregue la salsa preparada, revuelva todo y sírvalo inmediatamente.

NOTA: Este plato puede servirse también frío, como ensalada.

Tiempo de realización: 40 minutos	Calorías por ración: 214

Receta Rápida

Sopa de berberechos

Ingredientes para 6 personas:

- ✓ *1 kg de berberechos (chipi-chipi)*
- ✓ *1 barra de pan de 150 g*
- ✓ *2 cucharadas de aceite*
- ✓ *2 cebollas picadas*
- ✓ *3 dientes de ajo picados*
- ✓ *3 tomates (jitomates) maduros, picados*
- ✓ *1 cucharada de perejil fresco, picado*
- ✓ *1 hoja de laurel*
- ✓ *1 ramita de tomillo seco*
- ✓ *1/2 cucharadita de pimentón dulce en polvo*
- ✓ *5 tazas de agua*
- ✓ *Sal*

1

Lave muy bien los berberechos, póngalos en un recipiente, cúbralos con agua y resérvelos.

A continuación, corte el pan en rebanadas (1), tuéstelas y resérvelas.

2

Seguidamente, caliente el aceite en una cacerola y rehogue las cebollas y los ajos hasta que estén transparentes. Agrégueles los tomates, el perejil, el laurel, el tomillo y el pimentón (2). Revuelva todo bien y fríalo a fuego lento 10 minutos.

Por último, escurra los berberechos e incorpórelos al preparado anterior (3). Agregue el agua, sale y cocine todo junto durante 10 minutos. Sirva la sopa acompañada con las tostadas.

3

Tiempo de realización: 40 minutos	Calorías por ración: 263

Receta Rápida

Sopa de espinacas

Ingredientes para 4 personas:

350 g de espinacas
2 cucharadas de mantequilla
1 1/2 cucharadas de harina
4 tazas de caldo de carne
4 rebanadas de pan cortadas en daditos
Aceite para freír
1 pizca de nuez moscada
8 cucharadas de nata (crema de leche) líquida
1 yema de huevo batida
Sal y pimienta

Lave bien las espinacas y cocínelas en agua hirviendo con sal, durante 10 minutos. Escúrralas bien y píquelas.

A continuación, derrita la mantequilla en una cacerola y sofría ligeramente la harina, revolviéndola bien para que no salgan grumos. Agregue el caldo, poco a poco, sin dejar de revolver para que no queden grumos e incorpore las espinacas reservadas. Cocine todo durante 15 minutos, revolviendo de vez en cuando.

Mientras tanto, caliente abundante aceite y fría los daditos de pan hasta que estén dorados.

Seguidamente, sazone la sopa con la nuez moscada, sal y pimienta e incorpore la nata.

Por último, retírela del fuego, añada la yema, mezcle todo bien y sirva la sopa con los daditos de pan frito.

Tiempo de realización: 35 minutos	Calorías por ración: 344

Sopa de flanecitos a las hierbas

Ingredientes para 6 personas:
1 kg de gallina para el caldo
1 cebolla
1 hoja de laurel
1 clavo de olor
2 nabos (coyocho, papanabo)
2 zanahorias
2 huevos
1 cucharada de perejil picado
1 cucharada de aceite
1 cucharada de mantequilla
100 g de champiñones (hongos, setas) lavados y cortados en láminas
Sal y pimienta

Ponga una olla al fuego con la gallina, la cebolla, el laurel, el clavo de olor, los nabos, las zanahorias y sal. Tápela y cocine todo a fuego lento durante 1 hora y 30 minutos.

Mientras tanto, bata los huevos y agrégueles la mitad del perejil y sal y pimienta. Engrase un molde con aceite, vierta en él los huevos batidos y cocínelos al baño María hasta que estén cuajados. Desmóldelos y córtelos en cuadraditos.

A continuación, derrita la mantequilla y saltee los champiñones durante 10 minutos.

Por último, deshuese la gallina y ponga 1/4 de la misma en una sopera con los champiñones, los flanecitos y el perejil. Incorpore el caldo de gallina y sirva la sopa bien caliente.

Tiempo de realización: 1 hora 40 minutos **Calorías por ración: 113**

Receta Rápida

Sopa de hilas

Ingredientes para 6 personas:

- ✓ *1 l de caldo desgrasado*
- ✓ *250 ml de leche*
- ✓ *100 g de harina de maíz*
- ✓ *2 huevos*
- ✓ *3 cucharadas de leche*
- ✓ *1 cucharada de mantequilla derretida*
- ✓ *1 cucharada de perejil picado*
- ✓ *Sal*

1

Vierta en un recipiente la harina, los huevos **(1)**, las 3 cucharadas de leche, la mantequilla derretida y un poquito de sal. Bata todo bien hasta obtener una crema suave y homogénea y déjela reposar.

A continuación, ponga el caldo en una cazuela al fuego. Añada la leche **(2)** y deje que comience a hervir.

2

Seguidamente, vierta la crema anteriormente preparada en un colador grueso, colocándolo sobre la cazuela y deje que las hilas vayan cayendo sobre el caldo **(3)**.

Por último, cocine todo durante 10 minutos, y sirva la sopa con el perejil picado espolvoreado por encima.

3

Tiempo de realización: 30 minutos	Calorías por ración: 193

Receta Rápida

Sopa de mejillones

Ingredientes para 4 personas:

- ✓ *1 kg de mejillones*
- ✓ *4 cucharadas de aceite*
- ✓ *1 cebolla picada*
- ✓ *3 tomates (jitomates) pelados y picados*
- ✓ *3 rebanadas de pan tostadas*
- ✓ *1 copita de aguardiente*
- ✓ *2 dientes de ajo*
- ✓ *Un trocito de canela en rama*
- ✓ *Unas hojas de perejil*
- ✓ *Sal y pimienta*

1

2

3

Limpie los mejillones, eliminando las barbas y lavándolos con agua fría. Póngalos en una cazuela, añada un poco de agua y deje que se abran a fuego vivo. Cuando se hayan abierto, retírelos del fuego y escúrralos, reservando aparte el líquido que hayan soltado. Retire los mejillones de las valvas, reservando unos cuantos en las mismas para la decoración (1).

A continuación, caliente el aceite en una cazuela y fría la cebolla, incorpore los tomates, el líquido de cocción de los mejillones previamente filtrado y un litro de agua. Al comenzar la ebullición, añada las rebanadas de pan y el aguardiente y cocine todo durante unos minutos hasta que el pan se haya ablandado. Retire el preparado del fuego y bátalo con ayuda de una batidora eléctrica hasta obtener un puré homogéneo (2). Incorpore los mejillones y cocine todo de nuevo a fuego muy lento.

Por último, machaque en un mortero los ajos junto con la canela, el perejil, sal y pimienta y vierta este majado sobre la sopa (3), removiendo para mezclar bien. Sírvala muy caliente, decorada con los mejillones reservados.

Tiempo de realización: 40 minutos	Calorías por ración: 387

Sopa de pepino

Ingredientes para 6 personas:
1 kg de pepinos (cohombros)
1 cucharada de mantequilla
1 cebolla picada
500 ml de leche desnatada
500 ml de agua
2 cucharadas de sémola de trigo
1 cucharada de vinagre
125 ml de nata (crema de leche) líquida
1 pimiento (pimentón) de lata cortado en tiritas
Sal y pimienta

Corte los pepinos por la mitad en sentido longitudinal, extraiga las semillas y póngalos boca abajo durante unos minutos para que escurran y pierdan el amargor. Pélelos parcialmente y córtelos en cuadraditos pequeños.

A continuación, caliente la mantequilla en una cazuela y rehogue la cebolla hasta que esté transparente. Incorpore los pepinos picados, mezcle todo bien y añada la leche y el agua. Sazone ligeramente con sal y pimienta, tape la cazuela y cocine a fuego lento durante 15 minutos.

Seguidamente, incorpore la sémola, revuelva todo bien, tape de nuevo y cocine aproximadamente 30 minutos más, revolviendo de vez en cuando, hasta que los pepinos estén tiernos. Agregue el vinagre y la nata, mezcle todo bien, deje que dé un hervor, rectifique la sazón y retire del fuego.

Por último, cuando la sopa esté templada, introdúzcala en el frigorífico y déjela durante un par de horas para que esté bien fría. Decórela con el pimiento y sírvala.

Tiempo de realización: 55 minutos	Calorías por ración: 143

Sopa de verduras

Ingredientes para 4 personas:

1/4 de pollo
1 hueso de caña
25 g de tocino de jamón picado
250 g de repollo (col) cortado en tiras
1/2 escarola o lechuga cortada en tiras
2 zanahorias cortadas en tiras
2 patatas (papas) cortadas en tiras
1 nabo (coyocho, papanabo) cortado en tiras
1 cebolla cortada en tiras
1 tomate (jitomate) cortado en cuadraditos
Sal y pimienta

Vierta en una cazuela 1 1/2 litros de agua. Agregue el pollo y el hueso, sazone ligeramente con sal y pimienta y cocínelo todo durante 1 hora.

Mientras tanto, prepare todas las verduras.

A continuación, ponga una cacerola al fuego con el tocino, y cuando éste se haya derretido, añada todas las verduras y rehóguelas durante unos minutos.

Seguidamente, retire el pollo y el hueso del caldo, cuele este último y viértalo sobre las verduras. Cocine a fuego lento durante 20 minutos o hasta que las verduras estén tiernas.

Por último, rectifique la sazón y sirva la sopa bien caliente agregándole, si lo desea, rodajas de huevo duro y el pollo desmenuzado.

Tiempo de realización: 1 hora 30 minutos	Calorías por ración: 193

Timbal de verduras

Ingredientes para 6 personas:

500 g de patatas (papas) cocinadas
500 g de zanahorias cocinadas
500 g de espinacas cocinadas
4 huevos
100 g de mantequilla
1 cucharada de aceite
2 dientes de ajo picados
Una pizca de nuez moscada rallada
1 pimiento (pimentón) rojo de lata
Sal y pimienta

Haga un puré con las patatas, añada 1 huevo ligeramente batido, sazone e incorpore la mitad de la mantequilla y la nuez moscada. Una vez esté todo bien mezclado, guárdelo aparte.

A continuación, prepare otro puré con las zanahorias y agrégueles 1 huevo y sal.

Seguidamente, caliente el aceite en una sartén, fría los ajos, añada las espinacas y rehóguelas ligeramente. Retire la sartén del fuego, pique las espinacas muy menudas y mézclelas con los 2 huevos restantes.

Por último, engrase un molde rectangular con la mantequilla restante y vierta en el fondo el puré de patatas. Alíselo y cúbralo con el puré de espinacas. Vuelva a alisar y termine con el puré de zanahorias. Tápelo con papel de aluminio e introdúzcalo en el horno, precalentado a 180° C (350° F), durante 20 minutos o hasta que esté cuajado. Desmóldelo y decórelo con tiras de pimiento rojo o al gusto.

Tiempo de realización: 50 minutos	Calorías por ración: 284

Tirabeques con jamón

Ingredientes para 6 personas:
500 g de tirabeques (arvejas con cáscara)
2 cucharadas de mantequilla
1 cebolleta (cebolla larga) picada
100 g de jamón picado
2 huevos duros picados
Sal

Corte los extremos de las cáscaras de los tirabeques y las hebras de los lados si las tuvieran. Lávelos y cocínelos en agua hirviendo con sal durante 10 minutos. Escúrralos y resérvelos aparte.

A continuación, derrita la mantequilla en una sartén o cazuela al fuego y rehogue la cebolla hasta que esté transparente. Incorpore el jamón picado y cocínelo unos minutos.

Seguidamente, añada los tirabeques escurridos y cocine todo junto, revolviendo frecuentemente, durante 8 o 10 minutos.

Por último, viértalos en una fuente, espolvoréelos con los huevos picados y sírvalos.

> Puede sustituir el jamón por 3 salchichas de Francfort, cortadas en rodajas finitas.

Tiempo de realización: 30 minutos	Calorías por ración: 160

Tomates sorpresa

Ingredientes para 4 personas:
4 tomates (jitomates) grandes
800 g de espinacas congeladas
3 cucharadas de aceite
1 cebolla pequeña, picada
1 diente de ajo picado
50 g de jamón serrano picado
2 cucharadas de mantequilla
2 cucharadas de harina
500 ml de leche
2 cucharadas de queso rallado
Sal y pimienta

Cocine las espinacas en agua hirviendo con sal durante 10 minutos. Escúrralas bien y píquelas.

A continuación, lave los tomates, séquelos y córteles una capa de la parte superior. Extraiga parte de la pulpa con cuidado y colóquelos boca abajo para que pierdan el exceso de líquido.

Mientras tanto, caliente el aceite en una sartén al fuego y rehogue la cebolla y el ajo hasta que estén transparentes. Incorpóreles el jamón, revuelva y añada las espinacas. Rehogue todo junto durante 10 minutos y rellene los tomates con la mezcla de espinacas. Colóquelos en una fuente refractaria.

Seguidamente, derrita la mantequilla en un cazo al fuego, agregue la harina, sofríala ligeramente e incorpore la leche, poco a poco, sin dejar de revolver hasta que la salsa tome consistencia. Sazónela y viértala sobre los tomates preparados.

Por último, introduzca la fuente en el horno, precalentado a 180° C (350° F), durante 20 o 30 minutos. Retírelos del horno y sírvalos bien calientes.

Tiempo de realización: 1 hora 10 minutos	Calorías por ración: 378

Receta Rápida

Vermicelli a la cantonesa

Ingredientes para 4 personas:

300 g de vermicelli (espaguetis, fideos)
2 cucharadas de aceite
5 dientes de ajo picados
1 cebolla pequeña, picada
350 g de carne magra de cerdo (cochino, chancho) cortada en trocitos
1/2 pimiento (pimentón) rojo, cortado en tiritas
2 calabacines pequeños (calabacitas, chauchitas, zucchini) cortados en rodajas finas
2 cucharadas de jerez seco
2 cucharadas de salsa de soya
1 taza de caldo de carne
250 g de gambas (camarones)
Sal

Cocine la pasta en abundante agua hirviendo con sal, hasta que esté "al dente". Escúrrala y reserve en caliente. Pele las gambas y reserve las colas.

Mientras tanto, caliente el aceite y rehogue los ajos junto con la cebolla. Cuando estén transparentes, agregue la carne y, una vez que esté dorada, incorpore las verduras, el jerez, el caldo, la salsa de soya y la sal. Cocine a fuego bajo durante 15 minutos, añada las colas de las gambas y cocine 1 minuto más.

Por último, mezcle la salsa preparada con los vermicelli, revuélvalo todo bien y sirva muy caliente.

Si no dispone de jerez, puede utilizar vino blanco en su lugar, siempre que éste no sea dulce.

Tiempo de realización: 35 minutos	Calorías por ración: 330

Almejas con alcachofas

Ingredientes para 4 personas:
750 g de almejas (pepitonas)
1 kg de alcachofas (alcauciles)
El zumo (jugo) de 1 limón
4 cucharadas de aceite
2 dientes de ajo cortados en láminas
2 cucharadas de harina
1 copa de vino blanco, seco
Sal y pimienta

Cubra las almejas con agua y sal durante 1 hora para que suelten la tierra.

Mientras tanto, deseche las hojas exteriores de las alcachofas, córtelas en cuartos y póngalas en un recipiente con agua y el jugo de limón para que no se oscurezcan. Caliente agua en una olla, y cuando rompa el hervor, añada sal y cocine las alcachofas durante 30 minutos.

A continuación, caliente el aceite en otra olla y dore los ajos. Añada las almejas escurridas y cocínelas hasta que se abran. Deseche las que no se abran.

Seguidamente, agregue la harina y revuelva todo bien. Incorpore el vino y 1/2 taza de agua y sazone todo con sal y pimienta.

Por último, escurra las alcachofas y añádalas a la olla. Revuelva todo para que se mezcle bien, deje que dé un hervor y sirva.

Tiempo de realización: 1 hora	Calorías por ración: 389

Receta Rápida

Almejas rellenas

Ingredientes para 4 personas:

500 g de almejas (pepitonas) grandes
2 dientes de ajo prensados
1 yema de huevo
1 cucharada de perejil picado
2 cucharadas de queso rallado
1 cucharada de mantequilla
2 cucharadas de pan rallado
Sal y pimienta

Lave bien las almejas, cúbralas con agua con sal y déjelas durante 1 hora para que suelten la tierra. Escúrralas y póngalas en una cacerola al fuego con un poco de agua. Tape la cacerola y cocínelas hasta que se abran. Retírelas del fuego, deseche 1 de las valvas y colóquelas en una fuente refractaria.

A continuación, mezcle en un cuenco los ajos, la yema de huevo, el perejil, el queso y la mantequilla. Sazone la mezcla con sal y pimienta y revuelva todo bien.

Seguidamente, distribuya el preparado anterior sobre las almejas, poniendo un montoncito sobre cada una de ellas.

Por último, espolvoréelas con el pan rallado e introdúzcalas en el horno con el gratinador encendido hasta que estén doradas.

Para evitar que las almejas se sequen, sírvalas inmediatamente después de retirarlas del horno.

Tiempo de realización: 20 minutos	Calorías por ración: 171

Receta Rápida

Brochetas de salmón

Ingredientes para 4 personas:
750 g de salmón fresco, sin piel ni espinas
El zumo (jugo) de 1/2 limón
350 g de pimientos de Padrón (pimentones pequeños y picantes)
3 cucharadas de aceite
Sal y pimienta

Lave el salmón, séquelo con papel absorbente y córtelo en dados más o menos del mismo tamaño. Rocíelos con el zumo de limón y resérvelos.

A continuación, saltee los pimientos durante 5 minutos.

Seguidamente, ensarte el salmón y los pimientos en brochetas, alternándolos.

Por último, caliente una plancha y ase ligeramente las brochetas, sazónelas con sal y pimienta, úntelas con el aceite y termine de cocinarlas.

Cuando ase el salmón, procure cocinarlo el tiempo mínimo imprescindible pues si se pasa quedará seco y sabrá mucho a grasa.

Tiempo de realización: 15 minutos	Calorías por ración: 376

Calamares rellenos

Ingredientes para 4 personas:
16 calamares (chipirones, sepias) medianos
5 cucharadas de aceite
2 cebollas medianas, picadas
2 dientes de ajo picados
150 g de carne picada de vaca (res)
2 cucharadas de harina
1 copa de vino blanco, seco
1 taza de agua
Sal y pimienta

Para la guarnición:
Arroz blanco, cocido con perejil

Separe los tentáculos de los calamares y lave todo muy bien desechando las tintas, huesos e intestinos. Reserve las bolsas y pique los tentáculos.

A continuación, caliente 2 cucharadas de aceite en una sartén y rehogue 1 cebolla y los ajos. Incorpore la carne y los tentáculos picados, y sazone todo con sal y pimienta. Rehóguelo durante 5 minutos y retírelo del fuego.

Seguidamente, rellene las bolsas de los calamares con el preparado y cierre la abertura con un palillo de madera para que no se salga el relleno.

Por último, caliente el aceite restante en una cacerola y saltee los calamares. Añada la otra cebolla y rehogue todo durante 5 minutos. Incorpore los ingredientes restantes, tape la cacerola y cocine los calamares a fuego lento durante 15 minutos. Sírvalos con el arroz blanco con perejil.

Tiempo de realización: 1 hora	Calorías por ración: 288

Caldereta de mariscos

Ingredientes para 6 personas:
500 g de almejas (pepitonas)
500 g de langostinos
300 g de calamares (chipirones, sepias) cortados en tiras
2 tallos de apio (celeri) cortados en trozos
3 zanahorias ralladas
1 pimiento (pimentón) rojo cortado en dados
1 pimiento (pimentón) verde cortado en dados
1 taza de tomate (jitomate) frito con cebolla
500 g de rape troceado
1 taza de vino blanco, seco
Sal y pimienta

Primero, lave bien las almejas, póngalas en una cazuela con 1 taza de agua y cocínelas durante 5 minutos o hasta que se abran. Retírelas del líquido y reserve las almejas. Cuele el caldo y resérvelo.

A continuación, caliente 5 tazas de agua con sal y cueza los langostinos durante 2 minutos. Retírelos con un colador, pélelos y resérvelos. Machaque las cabezas en un mortero, viértalas en el colador e introduzca éste en el caldo, removiendo con una cuchara para aprovechar todo el jugo de las cabezas.

Seguidamente, agregue al caldo los calamares, el apio, las zanahorias y los pimientos, y cocine todo durante 15 minutos.

Mientras tanto, caliente el tomate frito en una sartén y sofría en él los trozos de rape y los langostinos. Añada las almejas y cocine todo unos minutos.

Por último, vierta el tomate con los pescados en el caldo con verduras, agregue el líquido de las almejas y cocine todo junto a fuego lento durante 10 minutos. Incorpore el vino, rectifique la sazón y sirva la caldereta bien caliente.

Tiempo de realización: 55 minutos **Calorías por ración: 279**

Receta Rápida

Conchas de pescado

Ingredientes para 4 personas:

250 g de filetes de merluza (corvina) congelada
El zumo (jugo) de 1 limón
2 cucharadas de mantequilla
2 cucharadas de harina
500 ml de leche
8 gambas (camarones) crudas, desvenadas
1 cucharada de perejil picado
2 cucharadas de queso rallado
2 cucharadas de pan rallado
Sal y pimienta molida

Caliente en una cazuela agua con sal y el zumo de limón. Cuando hierva, agregue los filetes de merluza y cocínelos durante 10 minutos. Retírelos con una espumadera, quite las espinas y desmenúcelos.

A continuación, derrita la mantequilla en una sartén al fuego. Añada la harina, revuelva todo con una cuchara de madera y agregue la leche caliente. Sazone el preparado con sal y pimienta al gusto y cocínelo revolviendo hasta que espese. Incorpore los filetes de merluza desmenuzados, revuelva todo de nuevo para mezclarlo bien y retire la sartén del fuego.

Seguidamente, reparta la mezcla recién preparada en 4 conchas grandes o bien en moldes individuales, procurando no llenarlos demasiado.

Por último, coloque las gambas sobre la mezcla y espolvoree todo con el perejil, el queso y el pan rallado, previamente mezclados. Ponga las conchas en una fuente refractaria e introdúzcala en el horno, con el gratinador encendido, durante unos 15 minutos.

Tiempo de realización: 40 minutos — Calorías por ración: 251

Receta Rápida

Langostinos en papillote

Ingredientes para 4 personas:
20 langostinos
2 cucharadas de aceite
1 diente de ajo
1 cebolla picada
100 g de champiñones (hongos, setas) limpios y fileteados
1 cucharada de salsa de soja
Sal y pimienta

Pele los langostinos, desvénelos y resérvelos aparte.

A continuación, caliente el aceite en una sartén y dore el ajo. Añada la cebolla y rehóguela hasta que esté transparente. Incorpore los champiñones y la salsa de soja. Sazone todo con sal y pimienta, tápelo y cocínelo a fuego lento durante 5 minutos.

Seguidamente, corte 4 trozos grandes de papel de aluminio y reparta la mitad de la salsa preparada entre ellos. Ponga encima los langostinos, cúbralos con la salsa de champiñones restante y cierre bien los paquetes.

Por último, introduzca los papillotes en el horno, precalentado a 205° C (400° F), durante 10 minutos. Retírelos del horno y sírvalos.

Si lo desea, acompañe los papillotes con tostadas untadas ligeramente con un diente de ajo.

Tiempo de realización: 35 minutos — Calorías por ración: 164

Marmita de pescados

Ingredientes para 6 personas:

400 g de mero troceado
400 g de rape u otro pescado duro, troceado
250 g de calamares (chipirones, sepias) troceados
100 g de langostinos o gambas (camarones)
1 tomate (jitomate) maduro, grande
6 cucharadas de aceite
1 rebanada de pan
1 cebolla grande, picada
3 dientes de ajo
1 cucharada de pimentón dulce en polvo
500 ml de agua
Sal

Ase el tomate en el horno, dándole varias vueltas, hasta que esté muy tierno (unos 30 minutos).

Mientras tanto, caliente el aceite en una cazuela y fría la rebanada de pan. Retírela y resérvela.

A continuación, en el mismo aceite, rehogue la cebolla hasta que esté transparente.

Seguidamente, machaque en el mortero los ajos junto con el pan frito y el tomate asado sin piel ni semillas. Incorpore este majado y el pimentón a la cazuela, revuelva todo bien, rocíelo con el agua, sálelo y cocínelo durante 20 minutos.

Por último, incorpore el pescado y cocínelo 10 minutos. Agregue los langostinos y cocine todo junto durante 1 minuto. Sirva la marmita bien caliente.

Tiempo de realización: 1 hora 10 minutos	Calorías por ración: 318

Receta Rápida

Mejillones a la vinagreta

Ingredientes para 4 personas:
1 kg de mejillones

Para la vinagreta:
1 pimiento (pimentón) verde, picado
2 tomates (jitomates) maduros, pelados y picados
1/2 cebolla pequeña, picada
4 cucharadas de aceite
1 cucharada de vinagre
Sal

Lave los mejillones bajo un chorro de agua fría, raspándolos bien con un cepillo, para quitarles la suciedad. Deseche los que estén abiertos.

A continuación, colóquelos en una cazuela, rocíelos con un poco de agua, tape la cazuela y cocínelos a fuego fuerte para que se abran. Retire la cazuela del fuego, deseche los mejillones que no se hayan abierto y deje enfriar los restantes.

Mientras tanto, prepare la vinagreta. Ponga en un recipiente el pimiento junto con los tomates y la cebolla. Agrégueles el aceite, el vinagre y la sal y mezcle todo bien.

Por último, retire una de las valvas de cada mejillón y colóquelos en una fuente. Reparta por encima la vinagreta preparada y sírvalos.

No conviene preparar con mucha antelación las vinagretas que llevan cebolla, ya que al cabo de cierto tiempo el sabor predominante será el de la cebolla.

Tiempo de realización: 20 minutos | Calorías por ración: 220

Receta Rápida

Merluza con pasas

Ingredientes para 4 personas:

750 g de merluza (corvina) cortada en rodajas
75 g de pasas
Harina para enharinar
Aceite para freír
2 cebollas cortadas en aros finos
1 copa de vino blanco
2 cucharadas de tomate (jitomate) frito
Sal y pimienta

Ponga las pasas en remojo en un cuenco con agua templada y mientras tanto, lave el pescado y séquelo con papel absorbente.

A continuación, sazone las rodajas de merluza y páselas por harina. Caliente aceite en una sartén y fríalas a fuego fuerte para que se doren, cuidando que no se hagan mucho por dentro. Retírelas de la sartén y resérvelas al calor.

Seguidamente, caliente 3 cucharadas del aceite de haber frito el pescado y rehogue la cebolla a fuego lento hasta que esté transparente. Añádale 1 cucharada de harina, sofríala ligeramente y rocíe todo con el vino. Incorpore el tomate y cocine todo a fuego lento durante 10 minutos. Pase la salsa por un chino o batidora. Si la salsa queda demasiado espesa, añádale un poco de agua.

Por último, coloque la merluza en una cazuela, cúbrala con la salsa, añada las pasas escurridas, sazónela ligeramente y cocine todo junto durante 5 minutos. Sírvalo de inmediato.

Tiempo de realización: 40 minutos   Calorías por ración: 297

Merluza con pimientos

Ingredientes para 8 personas:

- ✓ *1 1/2 kg de merluza (corvina) en rodajas*
- ✓ *Harina para enharinar*
- ✓ *3 cucharadas de aceite*
- ✓ *4 cebollas cortadas en aros*
- ✓ *4 tomates (jitomates) pelados y picados*
- ✓ *1 pimiento (pimentón) rojo, cortado en tiras*
- ✓ *1 pimiento (pimentón) verde, cortado en tiras*
- ✓ *2 cucharadas de perejil picado*
- ✓ *Orégano al gusto*
- ✓ *Sal y pimienta*

1

Lave el pescado, póngalo en un escurridor y déjelo escurrir.

A continuación, sazone la merluza con sal y pimienta, pásela por harina (1) y póngala en una fuente de horno.

2

Seguidamente, caliente el aceite en una sartén al fuego, agregue las cebollas y rehóguelas hasta que estén transparentes. Añada los tomates y los pimientos rojo y verde (2) y fríalos hasta obtener una salsa.

Por último, vierta el sofrito sobre el pescado, espolvoree la superficie con el perejil y el orégano mezclados (3) e introduzca la fuente en el horno, precalentado a 190° C (375° F), durante unos 20 minutos o hasta que el pescado esté en su punto.

3

Tiempo de realización: 50 minutos — Calorías por ración: 286

Receta Rápida

Merluza en papillote

Ingredientes para 4 personas:

4 trozos de lomo de merluza (corvina) sin piel ni espinas
3 zanahorias
2 cucharadas de mantequilla
3 puerros (poros) medianos, cortados en rodajas
Unas hojitas de estragón fresco, picado
Unas hojas de perejil fresco, picado
1 copa de vino blanco
Sal y pimienta

Lave el pescado y séquelo con papel absorbente. Resérvelo.

A continuación, raspe la piel de las zanahorias y córtelas, la mitad en juliana y la otra mitad en rodajas. Cocínelas en agua hirviendo con sal, durante 5 minutos. Escúrralas.

Mientras tanto, caliente la mantequilla en una sartén y rehogue los puerros durante 2 o 3 minutos.

Seguidamente, corte 4 trozos de papel de aluminio y colóquelos sobre la mesa. Reparta la mitad de las zanahorias y de los puerros en ellos y coloque el pescado encima. Sazónelo con sal y pimienta, cúbralo con las zanahorias y los puerros restantes y espolvoree por encima las hierbas picadas. Rocíelos con la mantequilla sobrante de los puerros y el vino y cierre los paquetes.

Por último, colóquelos en una bandeja e introdúzcalos en el horno, precalentado a 205° C (400° F), durante 10 o 12 minutos. Retírelos del horno, coloque los paquetes en los platos, ábralos y sírvalos.

Tiempo de realización: 20 minutos	Calorías por ración: 202

Receta Rápida

Ostras rellenas

Ingredientes para 4 personas:

12 ostras (ostiones)
El zumo (jugo) de 1 limón
4 cucharadas de salsa de tomate (jitomate)
2 cucharaditas de salsa de soja
6 cucharadas de pan rallado
1 cucharada de perejil picado
2 cucharadas de mantequilla

Abra las ostras, sepárelas de las valvas, póngalas en un cuenco y rocíelas con el zumo de limón.

A continuación, mezcle en otro cuenco la salsa de tomate, la salsa de soja y el jugo que habrán soltado las ostras. Vierta esta mezcla en el cuenco con las ostras y el limón y mézclelas bien.

Seguidamente, vuelva a colocar cada ostra en las mitadas de las valvas más cóncavas y póngalas en una fuente refractaria.

Por último, mezcle el pan rallado con el perejil y espolvoréelos sobre cada ostra, cubriéndolas del todo. Ponga encima un pegotito de mantequilla, introduzca la fuente en el horno con el gratinador encendido, y hornéelas hasta que las superficies estén doradas. Sírvalas sobre un lecho de lechuga o al gusto.

Si quiere abrir las ostras con más facilidad, colóquelas en un colador y póngalo unos 2 minutos sobre una cacerola con agua hirviendo.

Tiempo de realización: 15 minutos | Calorías por ración: 136

Receta Rápida

Rollitos de lenguado

Ingredientes para 4 personas:

4 lenguados de unos 350 g cada uno
1 copa de vino blanco, seco
2 cucharadas de mantequilla
4 o 5 chalotas (escalonias)
1 cucharada de harina
1 cucharadita de perejil picado
Unas hojitas de estragón picadas
1 manojo de espárragos verdes, cocidos y troceados
2 pimientos (pimentones) rojos de lata
Sal y pimienta

Quite las pieles de los lenguados y sepárelos de la espina central, dejándolos en 4 lomos cada uno. (Puede pedir al pescadero que se los prepare). Lávelos, séquelos con papel absorbente y colóquelos extendidos sobre una tabla o superficie de trabajo.

A continuación, sazónelos ligeramente, enróllelos sobre sí mismos y coloque los rollitos de pie en una fuente refractaria en la que quepan apretaditos unos contra otros.

Seguidamente, rocíelos con el vino e introdúzcalos en el horno, precalentado a 180° C (350° F), durante 10 minutos.

Mientras tanto, derrita la mantequilla en un cazo al fuego y rehogue las chalotas hasta que estén transparentes. Incorpore la harina, el perejil y el estragón, revuelva todo bien, agregue el jugo que haya soltado el pescado, y cocine todo junto durante 5 minutos.

Por último, vierta la salsa obtenida sobre los rollitos, incorpore a la fuente los espárragos y el pimiento cortado en tiras y hornee todo junto 5 minutos más. Sírvalos inmediatamente.

Tiempo de realización: 40 minutos	Calorías por ración: 352

Salmón en papillote

Ingredientes para 4 personas:
4 rodajas de salmón
4 patatas (papas) medianas
8 hojas de laurel
1/2 taza de mayonesa
Sal

Lave las patatas y sin pelar, envuélvalas en papel de aluminio. Introdúzcalas en el horno, precalentado a 200° C (405° F), y cocínelas durante 45 minutos o hasta que estén tiernas.

Mientras tanto, lave las rodajas de salmón, séquelas con papel absorbente y sazónelas. Ponga 1 hoja de laurel por cada lado de las rodajas y envuélvalas por separado en papel de aluminio, doblando bien los extremos para que cada paquete quede bien cerrado y no se escape el vapor.

A continuación, cuando las patatas estén asadas, retírelas del horno e introduzca los papillotes de salmón, colocándolos en el horno sobre la rejilla central. Áselos durante 8 minutos.

Seguidamente, retírelos del horno, deseche el papel de aluminio y las hojas de laurel y coloque cada rodaja en un plato tibio.

Por último, desenvuelva las patatas, córtelas por la mitad y colóquelas en los platos con el corte hacia arriba. Decore el salmón con un poquito de mayonesa y sírvalo con la mayonesa restante en salsera aparte.

Tiempo de realización: 55 minutos	Calorías por ración: 330

Salmón en salsa verde

Ingredientes para 4 personas:

500 g de salmón en lomos, sin espina
3 cucharadas de aceite
3 dientes de ajo picados
1 cucharada de perejil fresco, picado
1 copa de vino blanco, seco
200 g de almejas (pepitonas) o chirlas
1 cucharada de maicena (fécula de maíz)
1 lata de puntas de espárragos
Sal

Caliente el aceite en una cacerola y rehogue ligeramente los ajos sin que lleguen a dorarse. Incorpóreles el perejil, el vino y las almejas previamente lavadas. Tape la cacerola y cocine todo hasta que las almejas se abran.

A continuación, incorpore la maicena disuelta en un poco de agua y cuando la salsa comience a hervir, agregue el salmón, sazonado. Tape la cacerola y cocine todo durante 5 minutos (el tiempo dependerá del grosor de los lomos).

Por último, añada las puntas de espárragos y cuando todo esté bien caliente, sírvalo de inmediato.

Si quiere dar a este plato un toque de color, añádale junto con los espárragos, un pimiento rojo de lata.

Tiempo de realización: 15 minutos	Calorías por ración: 355

Receta Rápida

Salmonetes a la mediterránea

Ingredientes para 4 personas:
4 salmonetes grandes u 8 medianos
1 cebolla grande
2 pimientos (pimentones) verdes, grandes
6 cucharadas de aceite
2 cucharadas de piñones
100 g de aceitunas (olivas) negras, deshuesadas
Sal

Limpie muy bien los salmonetes, lávelos y séquelos.

A continuación, pele la cebolla e introdúzcala en el horno, precalentado a 180° C (350° F), junto con los pimientos. Ase ambos ingredientes durante unos minutos. Retírelos del horno, pele los pimientos y córtelos en tiras. Corte la cebolla en rodajas o tiras.

Seguidamente, unte los salmonetes con aceite, sazónelos y áselos en una parrilla bien caliente.

Mientras tanto, caliente el aceite restante y rehogue los pimientos junto con la cebolla.

Por último, coloque los salmonetes en los platos, rodéelos con los pimientos y la cebolla y ponga por encima los piñones y las aceitunas cortadas en rodajas.

Si tiene oportunidad, utilice pimientos rojos, verdes y amarillos. De esta forma el aspecto del plato será mucho más atractivo.

Tiempo de realización: 30 minutos	Calorías por ración: 399

Asado regental

Ingredientes para 6 personas:

800 g de redondo o cadera (punta de anca) de vaca (res)
4 cucharadas de aceite
2 dientes de ajo
1 cucharadita de vinagre
1 taza de caldo de carne
1 copa de vino blanco
Sal y pimienta

Ate bien la carne para que no pierda la forma durante el cocinado y sazónela con sal y pimienta.

A continuación, caliente el aceite en una cazuela y dore la carne por todos los lados. Machaque los ajos en el mortero, añádales el vinagre, revuelva bien y viértalos sobre la carne.

Seguidamente, incorpore a la cazuela el caldo y el vino y cocine a fuego lento durante 1 hora o hasta que la carne esté tierna.

Por último, retire la carne de la cazuela, deje que se enfríe ligeramente, desátela y córtela en lonchas finas. Sírvala con su jugo, acompañándola con patatas o al gusto.

Si desea obtener una salsa más espesa, incorpore unas zanahorias o champiñones al cocer la carne y páselos por el pasapuré. Agregue el puré obtenido al jugo de la cocción.

Tiempo de realización: 1 hora 20 minutos	Calorías por ración: 324

Receta Rápida

Brochetas de cordero al aguardiente

Ingredientes para 6 personas:

✓ *1 kg de carne de cordero (borrego)*
✓ *2 cebollas*
✓ *1 copa de vino blanco*
✓ *1 copa de aguardiente*
✓ *3 cucharadas de vinagre*
✓ *Tomillo, perejil y orégano frescos, al gusto*
✓ *Sal y pimienta*

1

Limpie la carne, córtela en dados regulares **(1)** y colóquelos en un recipiente.

A continuación, pique finamente 1 cebolla y mézclela con todos los ingredientes restantes. Vierta la mezcla sobre la carne **(2)** y déjela reposar durante 1 hora.

2

Seguidamente, corte la cebolla restante en trozos grandes y ensarte las brochetas alternando carne y cebolla **(3)**.

Por último, cocine las brochetas en una plancha caliente, rociándolas frecuentemente con el líquido del adobo, hasta que la carne esté bien dorada. Sírvalas sobre un lecho de arroz blanco, acompañándolas con ensaladada y decorándolas al gusto.

3

Tiempo de realización: 15 minutos | **Calorías por ración: 407**

Receta Rápida

Carpaccio de buey

Ingredientes para 4 personas:

350 g de solomillo o carne magra de buey (res) bien limpio de grasa
4 cucharadas de aceite
1 cebolla finamente picada
50 g de queso parmesano cortado en lonchas muy finas
Sal y pimienta

Envuelva la carne en una hoja de plástico transparente apretando la carne bien y dándole una forma redondeada. Introdúzcala en el congelador hasta que esté prácticamente congelada.

A continuación, retire el paquete del congelador, desenvuélvalo y corte la carne en lonchas muy finas con un cuchillo bien afilado o con una máquina de cortar fiambre. Reparta la carne en 4 platos, colocándola bien extendida, tápela con un plástico transparente y déjela reposar en el frigorífico hasta el momento de servir.

Por último, retire los plásticos y sazone la carne con sal y pimienta. Ponga en el centro de cada plato un montoncito de cebolla, reparta el queso en los platos y sirva el carpaccio.

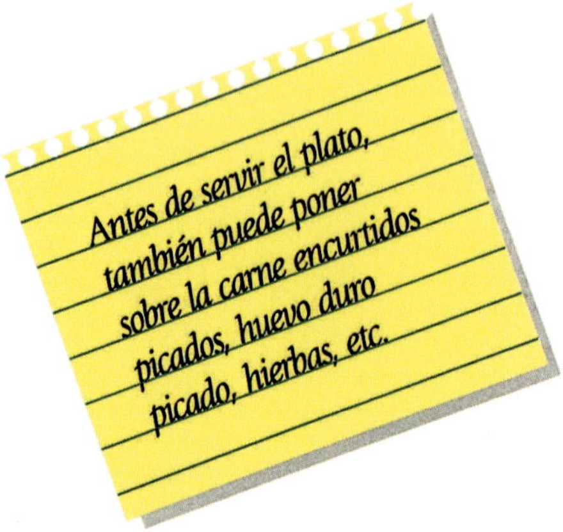

Tiempo de realización: 15 minutos	Calorías por ración: 266

Cerdo agridulce

Ingredientes para 4 personas:

750 g de carne de cerdo (cochino, chancho) cortada en dados
1 cucharada de mantequilla
1 cebolla mediana, cortada en aros
1 lata de 250 g de piña (ananá) al natural
2 cucharadas de vinagre
4 cucharadas de salsa de soja
25 g de maicena (fécula de maíz)
1/2 pimiento (pimentón) rojo, cortado en tiras
Sal y pimienta

Derrita la mantequilla en una cacerola y rehogue la cebolla hasta que esté transparente. Agregue la carne y sofríala.

A continuación, escurra el líquido de la lata de piña, vertiéndolo en una jarra medidora. Agréguele el vinagre y la salsa de soja e incorpore agua hasta obtener 600 ml.

Seguidamente, diluya la maicena en un poco del líquido preparado y viértalo sobre la carne. Rocíe todo con el líquido, sazone con sal y pimienta y revuelva bien. Tape la cacerola y cocine a fuego lento durante 50 o 55 minutos hasta que la carne esté tierna.

Mientras tanto, corte los aros de piña en 4 trozos y agréguelos a la carne en mitad de la cocción.

Por último, sirva la carne decorándola con el pimiento y acompañada de arroz blanco o tallarines.

Si la carne de cerdo tiene tocino, quíteselo con un cuchillo afilado antes de sofreírla.

Tiempo de realización: 1 hora 10 minutos — Calorías por ración: 357

Receta Rápida

Entrecot a la crema

Ingredientes para 4 personas:

4 filetes de lomo (lomito, solomo) de ternera (añojo, mamón, novilla)
500 g de zanahorias cortadas en rodajas
3 cucharadas de mantequilla
2 cucharadas de mostaza fuerte
1 cucharada de tomillo (ajedrea, hisopillo)
4 cucharadas de nata (crema de leche) líquida
1 cucharada de perejil picado
Sal y pimienta

Cocine las zanahorias en agua con sal hasta que estén tiernas. Escúrralas y saltéelas en una sartén con una cucharada de mantequilla. Retírelas del fuego y resérvelas al calor.

Mientras tanto, caliente otra cucharada de mantequilla en una cazuela pequeña, añada la mostaza, el tomillo y la nata y cocine todo a fuego lento, revolviendo hasta que la salsa tenga una consistencia homogénea. Retírela del fuego y manténgala caliente.

A continuación, caliente la mantequilla restante en una sartén de fondo grueso o en una plancha y cuando esté bien caliente, dore los entrecotes por ambos lados. Sazónelos con sal y pimienta y colóquelos en platos de servir.

Por último, reparta en los platos las zanahorias preparadas y sirva la carne con la salsa por encima.

Si lo desea, cuando prepare la salsa, añada una cucharadita de queso azul. Le dará un aroma distinto.

Tiempo de realización: 35 minutos | Calorías por ración: 399

Receta Rápida

Escalopines al limón

Ingredientes para 4 personas:

12 filetes pequeños de cerdo (cochino, chancho), sin grasa
2 limones
2 cucharadas de harina
3 cucharadas de aceite
2 cucharadas de perejil picado
Un chorrito de agua
Sal y pimienta

Pele 1 limón, retirando sólo la piel amarilla y córtela en tiras muy finas. Viértalas en un cazo con un poco de agua y cuézalas durante unos minutos. Cuélelas y resérvelas. Retire la piel blanca al limón pelado y córtelo en rodajas. Exprima el otro limón.

A continuación, sazone los filetes con sal y pimienta, enharínelos ligeramente y fríalos en el aceite caliente. Retírelos y resérvelos.

Seguidamente, deseche la mitad del aceite de la sartén y agregue el zumo de limón a la misma. Incorpore los escalopines, el perejil, las rodajas de limón y el agua y cocine todo junto durante unos minutos.

Por último, agregue las tiritas de limón y sirva el plato decorándolo al gusto.

Tiempo de realización: 20 minutos — Calorías por ración: 318

Receta Rápida

Fiambre de pollo

Ingredientes para 4 personas:

500 g de pechugas de pollo sin piel ni huesos
200 g de jamón de York
50 g de jamón serrano
1 huevo
2 cucharadas de vino
1 cucharadita de salvia molida
1 rebanada de pan integral
Sal y pimienta

Trocee las pechugas, el jamón de York y el serrano, viértalos en una picadora y pique los 3 ingredientes juntos.

A continuación, bata el huevo en un cuenco, agréguele el vino y la salvia y sazónelo con sal y pimienta. Incorpore las carnes picadas y mezcle todo bien. Desmenuce la rebanada de pan, añádala al preparado anterior y trabájelo hasta que resulte homogéneo.

Seguidamente, corte 2 cuadrados grandes de papel de aluminio y reparta sobre ellos la mezcla anterior dándole forma de cilindro. Envuelva bien cada cilindro para que no pierda la forma e introdúzcalos en el horno, precalentado a 180° C (350° F), durante 30 minutos.

Por último, déjelos enfriar, desenvuélvalos y sírvalos cortados en rodajas finas y decoradas al gusto.

Con este fiambre se pueden preparar deliciosos sandwiches, poniendo previamente sobre el pan una capa de lechuga finamente picada y mezclada con mayonesa.

Tiempo de realización: 45 minutos **Calorías por ración: 358**

Fiambre primavera

Ingredientes para 4 personas:

300 g de pechuga de pollo, sin piel ni hueso
200 g de espinacas congeladas
2 zanahorias cortadas en tiras finas
2 huevos
1/2 cucharadita de tomillo en polvo
2 rebanadas de pan de molde (de caja), desmenuzadas
1 huevo duro
1 copa de vino blanco
Sal y pimienta

Pique las pechugas de pollo en una picadora o con un cuchillo bien afilado y resérvelas.

A continuación, cocine las espinacas en agua con sal durante 5 minutos, escúrralas bien y píquelas. Cocine las zanahorias en agua con sal hirviendo durante 10 minutos y escúrralas.

Mientras tanto, bata los huevos en un recipiente grande. Condiméntelos con el tomillo, sal y pimienta. Agregue el pollo picado, las espinacas, el pan desmenuzado y el huevo duro picado y mezcle todo bien.

Seguidamente, corte un trozo grande de papel de aluminio y colóquelo sobre una mesa de trabajo. Coloque la mezcla preparada sobre el mismo, introduzca las tiras de zanahoria y forme un rollo. Envuélvalo en el papel de aluminio y colóquelo en una bandeja refractaria. Introdúzcala en el horno, precalentado a 180° C (350° F) y cocínela durante 1 hora.

Por último, retire el fiambre del horno, déjelo enfriar con un peso sobre él y, cuando esté frío, córtelo en rebanadas y sírvalo con rabanitos o ensalada al gusto.

Tiempo de realización: 1 hora 25 minutos — Calorías por ración: 262

Hamburguesas

Ingredientes para 4 personas:

300 g de carne de ternera (añojo, becerra, mamón) picada
300 g de carne de cerdo (cochino, chancho) picada
1 huevo
1 cucharada de alcaparras picadas
1 pepinillo en vinagre, picado
Un chorrito de tabasco
1 cucharada de aceite
Sal

Bata el huevo en un cuenco, agréguele las carnes picadas, las alcaparras, el pepinillo, el tabasco y sal al gusto.

A continuación, mezcle todo bien, tape el cuenco con hoja plástica transparente y deje reposar el preparado en el frigorífico durante 30 minutos para que se mezclen los sabores.

Seguidamente, engrase una plancha con el aceite, forme 4 hamburguesas y dórelas en la plancha caliente, procurando que no queden demasiado hechas por dentro. Colóquelas en platos individuales y sírvalas con ensalada y si lo desea, con guacamole.

NOTA: Para preparar el guacamole, aplaste la pulpa de 1 aguacate con un tenedor. Agréguele el zumo de 1 limón, un trocito de cebolla finamente picado, 1 tomate pequeño finamente picado, un poquito de cilantro y sal. Mezcle todo bien y sírvalo con las hamburguesas.

Tiempo de realización: 15 minutos	Calorías por ración: 298

Pastel de carne

Ingredientes para 6 personas:

- ✓ *500 g de carne de vaca (res) picada*
- ✓ *500 g de carne de cerdo (cochino, chancho) picada*
- ✓ *3 cucharadas de aceite*
- ✓ *2 cebollas picadas*
- ✓ *1 cucharada de perejil picado*
- ✓ *1 cucharada de cilantro (coriandro, culantro) picado*
- ✓ *1 pimiento (pimentón) verde, picado*
- ✓ *1/2 cucharadita de azafrán (achiote, color) en polvo*
- ✓ *1/2 cucharadita de nuez moscada*
- ✓ *2 cucharadas de salsa inglesa*
- ✓ *200 g de guisantes (arvejas, chícharos) cocidos*
- ✓ *1 taza de leche*
- ✓ *500 g de tomate (jitomates) cortados en rodajas*
- ✓ *Sal y pimienta*

1

2

3

Caliente el aceite en una sartén y rehogue las cebollas junto con el perejil, el cilantro y el pimiento. Agregue el azafrán y revuelva todo bien.

A continuación, vierta las carnes en un recipiente grande. Añádales el sofrito preparado **(1)** y condiméntelas con la nuez moscada, la salsa inglesa, sal y pimienta. Incorpore los guisantes y la leche **(2)** y mezcle todo bien.

Seguidamente, vierta la mezcla en una fuente refractaria, previamente engrasada. Divida la carne en porciones como si fuera a servirla y coloque una rodaja de tomate encima de cada porción **(3)**.

Por último, introdúzcala en el horno, precalentado a 250° C (475° F), y cocínela hasta que la carne esté bien hecha y la superficie dorada.

Tiempo de realización: 1 hora	Calorías por ración: 339

Pastel de pollo

Ingredientes para 4 personas:

500 g de pechuga de pollo
250 g de magro de cerdo (cochino, chancho)
100 ml de brandy (cognac)
1 huevo
La miga de 1 rebanada de pan de molde (de caja)
1 cebolleta (cebolla larga) picada
1 cucharadita de perejil picado
1 cucharadita de estragón en polvo
150 g de bacon (tocineta) en lonchas finas
Sal y pimienta

Pique finamente la pechuga y la carne de cerdo y mézclelas. Si es posible, haga esta operación con un robot de cocina. Ponga las carnes en un cuenco, rocíelas con el brandy y déjelas en maceración durante 2 horas.

A continuación, bata el huevo y agréguele la miga de pan desmenuzada, la cebolleta, el perejil y el estragón. Mezcle todo bien e incorpore esta preparación a las carnes maceradas. Sazone con sal y pimienta y revuelva todo bien para mezclar totalmente los sabores.

Seguidamente, forre un molde de vidrio con las lonchas de bacon. Vierta en él la mezcla preparada, iguale la superficie y cocine el pastel en el horno al baño María durante 1 hora o hasta que esté cuajado y hecho por dentro.

Por último, retírelo del horno, déjelo enfriar durante 24 horas en el frigorífico. Desmóldelo y sírvalo con ensalada.

Tiempo de realización: 1 hora 10 minutos	Calorías por ración: 380

Receta Rápida

Patas de pavo con verduras

Ingredientes para 4 personas:

2 patas de pavo sin piel
2 cucharadas de aceite
3 cucharadas de salsa de soja
El zumo (jugo) de 1/2 limón
2 calabacines (calabacita, chauchita, zucchini) cortados en tiras gruesas
2 puerros (poros) cortados en trozos
150 g de zanahorias pequeñas
150 g de guisantes (arvejas, chícharos)
150 g de habas (fabas frescas) sin piel y cocidas
1 cucharada de semillas de sésamo (ajonjolí)
Sal y pimienta

Una vez quitada la piel de las patas de pavo, hágales unos cortes, sazónelas con sal y pimienta, úntelas con un poco de aceite, colóquelas en una fuente refractaria e introdúzcalas en el horno, precalentado a 180° C (350°F) durante 15 minutos.

Mientras tanto, mezcle en un cuenco el aceite, la salsa de soja y el zumo de limón.

A continuación, retire la fuente del horno, reparta las verduras alrededor del pavo, sazónelas, rocíe todo con el preparado de aceite y limón e introduzca de nuevo en el horno, dejándolo cocinar 20 minutos más.

Por último, retire del horno, espolvoree las patas de pavo con las semillas de sésamo y sírvalas.

Tiempo de realización: 40 minutos	Calorías por ración: 335

Pato con salsa de cerezas

Ingredientes para 4 personas:

1 pato
1 cucharada de mantequilla
1 naranja pelada y troceada
El zumo (jugo) de 1 naranja
250 g de cerezas deshuesadas de lata
2 cucharadas de brandy (cognac)
3 cucharadas de jalea roja
1 cucharada de maicena (fécula de maíz)
1 cucharada de agua
Sal y pimienta

Introduzca la naranja dentro del pato, sazónelo con sal y pimienta, úntelo con la mantequilla, colóquelo en una fuente refractaria, tápelo con papel de aluminio e introdúzcalo en el horno, precalentado a 180° C (350° F), durante 1 hora. Déle la vuelta a la mitad de la cocción.

Mientras tanto, ponga una sartén al fuego y agregue el zumo de naranja, las cerezas, el brandy y la jalea. Cocine todo unos minutos, incorpore la maicena disuelta en el agua y mezcle todo bien cocinándolo unos minutos sin dejar de revolver.

Por último, 5 minutos antes de finalizar la cocción del pato, cúbralo con la salsa. Retírelo del horno y sírvalo con patatas fritas o con arroz blanco.

La piel del pato es muy sabrosa pero tiene un alto contenido de grasa y de colesterol. Téngalo en cuenta pensando en su línea y su salud.

Tiempo de realización: 1 hora	Calorías por ración: 335

Pavo con especias

Ingredientes para 4 personas:
500 g de filetes de pavo (guajalote)
1/2 cucharadita de cominos molidos
1/2 cucharadita de cilantro (coriandro, culantro) molido
1/2 cucharadita de jengibre (cojatillo) molido
1/2 cucharadita de azafrán (color, achiote) molido
2 cucharadas de zumo (jugo) de limón
100 g de yogur natural, descremado
1 cucharada de aceite
1 cebolla cortada en aros
1 cucharada de harina
Sal y pimienta

Vierta en un cuenco los cominos, el cilantro, el jengibre, el azafrán, el zumo de limón y el yogur. Sazone con sal y pimienta y mezcle todo bien.

A continuación, coloque los filetes de pavo en una fuente, vierta el preparado anterior sobre ellos, tape la fuente y déjelos macerar en el frigorífico durante 3 horas.

Seguidamente, caliente el aceite en una cacerola y rehogue la cebolla hasta que esté transparente. Agregue la harina, rehóguela ligeramente e incorpore el pavo junto con su adobo. Tape la cacerola y cocine todo durante 30 minutos hasta que los filetes estén tiernos y la salsa ligeramente espesa.

Por último, vierta el guiso en una fuente y sírvalo con arroz blanco o al gusto.

Tiempo de realización: 50 minutos — Calorías por ración: 215

Receta Rápida

Pavo con piña

Ingredientes para 6 personas:

1 kg de pechuga de pavo (guajalote) cortada en cuadraditos
25 dientes de ajo medianos, pelados
6 cucharadas de aceite
1 lata de 500 g de piña (ananá) en almíbar, troceada
1 ramita de tomillo
1 cucharada de maicena (fécula de maíz)
Sal y pimienta

Caliente el aceite en una sartén grande y fría los ajos hasta que estén dorados. Retírelos con una espumadera y resérvelos aparte.

A continuación, sazone con sal y pimienta la carne de pavo y fríala en el mismo aceite de los ajos. Cuando los cuadraditos estén dorados, agregue a la sartén la mitad del almíbar de la piña y el tomillo y cocine todo durante 15 minutos.

Seguidamente, incorpore la piña y los ajos reservados y continúe la cocción 5 minutos más.

Por último, disuelva la maicena en un poquito de almíbar o agua, añádala a la sartén y deje cocinar todo junto unos minutos para que espese la salsa. Sirva el plato con puré de patatas o arroz blanco.

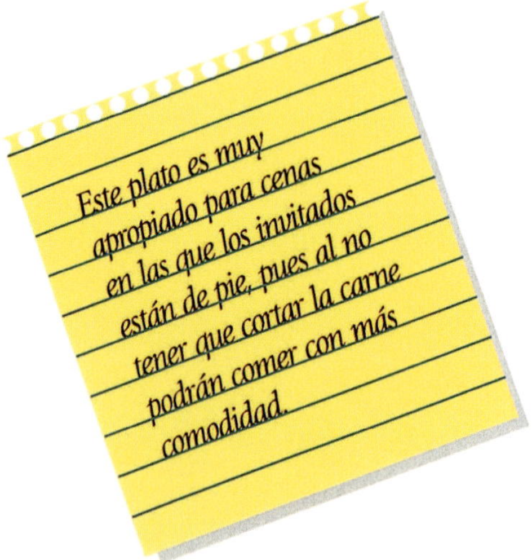

Tiempo de realización: 40 minutos — Calorías por ración: 369

Receta Rápida

Pechugas a la naranja

Ingredientes para 4 personas:

600 g de pechugas de pollo en filetes
3 naranjas
2 cucharadas de aceite
1 cebolla picada
1 cucharada de Cointreau
1 cucharada de azúcar moreno
El zumo (jugo) de 1 naranja
1 cucharadita de maicena
Sal y pimienta

Pele las naranjas retirando la piel blanca para que no amarguen, y separe los gajos quitándoles la piel con un cuchillo muy afilado.

A continuación, caliente el aceite en una sartén, dore los filetes de pollo, sazónelos con sal y pimienta, retírelos de la sartén y resérvelos.

Seguidamente, rehogue la cebolla en el aceite y cuando esté transparente, añada los gajos de naranja, el licor, el azúcar y el zumo de naranja. Cocine 5 minutos e incorpore los filetes de pechuga dorados. Tape la sartén y cocínelos durante 10 minutos.

Por último, disuelva la maicena en 2 cucharadas de agua, viértala en la sartén y cocine todo durante unos minutos para que la salsa ligue. Sirva los filetes con los gajos de naranja y rociados con la salsa preparada.

Si desea acentuar más el aroma de naranja, puede añadir a la salsa una cucharadita de cáscara rallada.

Tiempo de realización: 30 minutos | Calorías por ración: 299

Receta Rápida

Pinchos de carne

Ingredientes para 6 personas:

750 g de carne de añojo (res) cortada en dados
3 dientes de ajo picados
2 cebolletas (cebolla larga) picadas
4 cucharadas de aceite
2 cucharadas de vinagre
1 cucharadita de tomillo (ajedrea, hisopillo) seco
1 cucharadita de orégano seco
1 hoja de laurel picada
8 champiñones (hongos, setas) cortados por la mitad
1 pimiento (pimentón) rojo cortado en dados
2 cebollas cortadas en trozos
Sal y pimienta

Ponga la carne en un recipiente grande. Añádale los ajos, las cebolletas, el aceite, el vinagre, el tomillo, el orégano, el laurel, sal y pimienta al gusto. Revuelva todo bien para que la carne se impregne y déjela macerar en un lugar fresco durante 24 horas.

A continuación, inserte la carne en brochetas o pinchos metálicos, alternando la carne con los champiñones y los trozos de pimiento y de cebolla.

Por último, unte los pinchos preparados con aceite y cocínelos en una plancha bien caliente hasta que se doren por todos los lados. Sírvalos con lechuga, guacamole y arroz blanco. También puede asar patatas en el horno y servirlas abiertas con alguna salsa suave por encima, a modo de acompañamiento.

Tiempo de realización: 20 minutos   Calorías por ración: 331

Pollo relleno de manzana

Ingredientes para 4 personas:

- ✓ *1 pollo de tamaño mediano*
- ✓ *2 copas de vino oloroso seco*
- ✓ *6 manzanas reineta*
- ✓ *50 g de pasas de Corinto*
- ✓ *Sal*

Limpie bien el pollo, séquelo y vierta en su interior 1 copa del vino **(1)**, enjuagándolo bien. Escúrralo y resérvelo.

A continuación, pele 2 manzanas, quíteles el corazón, córtelas en trocitos y póngalas en un cuenco con el resto del vino y las pasas. Deje macerar durante 1 hora.

Seguidamente, escurra bien las manzanas y las pasas reservando el líquido, y rellene el pollo con ellas **(2)**, cosiéndolo o atándolo para que el relleno no se salga. Sazone el pollo e introdúzcalo en el horno, precalentado a 180° C (350° F), durante 30 minutos.

Por último, retire el pollo del horno, coloque a su alrededor las manzanas restantes previamente descorazonadas, rocíelo con el líquido reservado **(3)** e introdúzcalo de nuevo en el horno durante 30 minutos más. Sírvalo acompañado con ensalada o al gusto.

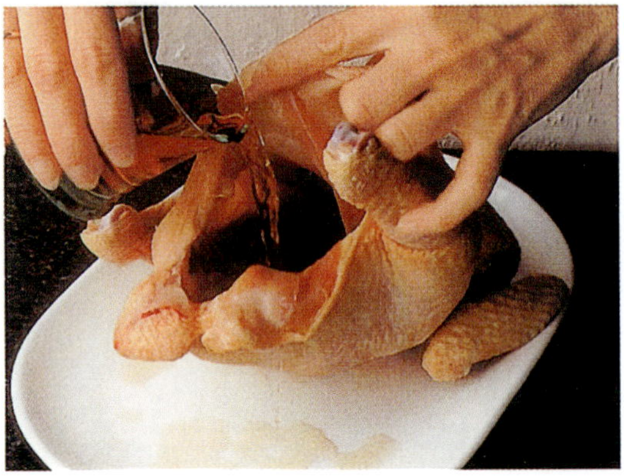

1

2

3

Tiempo de realización: 1 hora 10 minutos — Calorías por ración: 270

Receta Rápida

Solomillo a la oriental

Ingredientes para 4 personas:

4 filetes de solomillo (lomito, solomito) de vaca (res) de 2 o 3 cm de grosor
3 cucharadas de aceite
1 cucharada de salsa de soja
1 cucharada de jerez seco
1 ramita de romero
Sal y pimienta negra

Caliente 1 cucharada de aceite en una sartén grande y fría los solomillos, dorándolos por ambos lados. Retírelos, sazónelos con sal y pimienta y resérvelos al calor.

A continuación, agregue a la sartén el aceite restante, la salsa de soja, el jerez y el romero y cocine todo junto durante unos minutos.

Por último, vierta la salsa obtenida sobre la carne y sírvala acompañándola con ensalada, arroz blanco, patatas fritas o al gusto.

Para un toque más exótico, incorpore una cucharada de brotes de bambú por cada filete, 2 minutos antes de terminar la cocción de la salsa.

Tiempo de realización: 15 minutos | **Calorías por ración: 331**

Receta Rápida

Solomillo aromático

Ingredientes para 4 personas:
4 filetes de solomillo (lomito, solomito) de añojo (res)
El zumo (jugo) de 1 limón
3 cucharadas de aceite
2 dientes de ajo
Hierbas aromáticas: tomillo (ajedrea, hisopillo) albahaca (alfabega), orégano, romero, perejil, etc.
1 cucharadita de concentrado de carne
Sal y pimienta

Prepare un adobo vertiendo en un cuenco el zumo de limón, el aceite, los ajos previamente machacados junto con las hierbas elegidas, sal y pimienta.

A continuación, coloque los filetes en una fuente, en una sola capa. Rocíelos con el adobo preparado y déjelos reposar en un lugar fresco durante 4 o 5 horas para que tomen bien el sabor.

Seguidamente, caliente al fuego una sartén de fondo antiadherente y dore los filetes por ambos lados. Añada el adobo y el concentrado de carne y cocine todo junto un par de minutos.

Por último, retire del fuego y sirva los filetes con verduras al gusto.

> Puede congelar los filetes con el adobo y descongelarlos cuando los vaya a utilizar. En este caso, deberá utilizar menos sal.

Tiempo de realización: 10 minutos | Calorías por ración: 332

Solomillo con gambas

Ingredientes para 8 personas:

✓ *1 1/2 kg de solomillo (lomito, solomo) de vaca (res)*
✓ *1 cucharada de aceite*
✓ *1 cucharadita de azafrán (achiote, color) en polvo*
✓ *1 cucharada de mantequilla*
✓ *1 cebolla picada*
✓ *1 diente de ajo picado*
✓ *250 g de gambas (camarones) peladas*
✓ *1 hoja de laurel*
✓ *2 cucharadas de harina*
✓ *1 taza de leche*
✓ *1 tacita de caldo de pescado*
✓ *Sal y pimienta*

1

2

3

Ate la carne para que no pierda la forma, póngala en una fuente y condiméntela con el aceite mezclado con el azafrán, sal y pimienta **(1)**. Introdúzcala en el horno, precalentado a 190° C (375° F), durante 1 hora.

Mientras tanto, caliente la mantequilla y fría la cebolla y el ajo. Agregue las gambas **(2)** y sofríalas durante 2 minutos. Retírelas y resérvelas aparte.

A continuación, agregue a la sartén el laurel, la harina disuelta en la leche **(3)** y sal y cocine hasta que la salsa comience a espesar.

Seguidamente, cuando la carne esté tierna, retírela de la fuente y vierta en ésta el caldo de pescado y la salsa blanca previamente colada. Revuelva bien, incorpore las gambas y cocine todo junto durante 5 minutos.

Por último, corte el solomillo en lonchas y sírvalo acompañado con la salsa de gambas por encima y arroz blanco.

Tiempo de realización: 1 hora	Calorías por ración: 264

Arroz de leche con pasas

Ingredientes para 6 personas:
200 g de arroz
1 l de leche
500 ml de agua
1 ramita (palito) de canela
250 g de azúcar (o más, al gusto)
50 g de pasas
Una pizca de sal

Ponga el arroz en remojo durante 4 o 5 horas aproximadamente.

A continuación, mezcle en una cacerola de fondo grueso la leche y el agua, póngala al fuego y, cuando comience la ebullición, añada el arroz, previamente colado, dejándolo cocer a fuego lento durante 10 minutos.

Seguidamente, incorpore el azúcar, la canela y las pasas. Agregue más leche si fuera necesario y deje cocer el arroz a fuego muy lento, revolviéndolo de vez en cuando con una cuchara de madera, hasta que el arroz haya absorbido el líquido y tenga la consistencia de una crema.

Por último, añada la sal, mézclela bien y sirva el arroz en un recipiente de cristal, caliente o frío.

Para la preparación de esta receta es preferible la utilización de arroz de grano redondo, ya que produce más crema que el de grano largo.

Tiempo de realización: 1 hora 20 minutos | **Calorías por ración: 399**

Brazo de reina de mango

Ingredientes para 4 personas:
3 huevos, separadas las yemas de las claras
4 cucharadas de azúcar
2 cucharadas de harina
2 cucharadas de maicena (fécula de maíz)

Para la crema de mango:
2 mangos medianos
3 hojas de gelatina
2 cucharadas de azúcar glass (glacé, impalpable)
3 cucharadas de ginebra

Ponga en un recipiente las yemas de huevo y el azúcar y bata todo con batidora eléctrica, durante 10 o 15 minutos, hasta que doblen su volumen. Agregue la harina y la maicena y mezcle todo bien.

A continuación, bata las claras a punto de nieve e incorpórelas a la mezcla anterior. Engrase una lata de horno con mantequilla, espolvoréela con harina y vierta en ella el preparado, dejándolo en una capa fina. Cocínelo al baño María en el horno, precalentado a 205° C (400° F), durante 15 minutos.

Mientras tanto, pele los mangos, trocee la pulpa y hágala puré. Ponga la gelatina en remojo y cuando pierda rigidez, disuélvala en un cazo al fuego junto con un poco de puré de mango. Incorpore al puré de mango la gelatina disuelta, el azúcar y la ginebra, mezcle todo bien y déjelo enfriar en el frigorífico para que tome consistencia.

Por último, desmolde el bizcocho en cuanto esté cocinado, póngalo sobre un trapo húmedo, rellénelo con la crema de mango y enróllelo con la ayuda del trapo, dejándolo envuelto en él. Cuando esté frío, desenvuélvalo con cuidado, e introdúzcalo en el frigorífico hasta el momento de servir.

Tiempo de realización: 50 minutos	Calorías por ración: 273

Cascos de naranja

Ingredientes para 4 personas:
✓ *4 naranjas*
✓ *Una pizca de sal*
✓ *2 tazas de agua*
✓ *2 tazas de jugo de naranja*
✓ *3 tazas de azúcar*
✓ *3-4 ramitas (astillas) de canela*

Ralle las naranjas y reserve la ralladura para otra preparación. Extraiga el jugo de las naranjas y córtelas en gajos **(1)**.

A continuación, póngalas en una olla, cúbralas con agua, añada sal y cocine durante 30 minutos. Escúrralas, lávelas y déjelas en remojo durante 8 horas, cambiando el agua de vez en cuando, hasta que quede transparente.

Seguidamente, ponga las 2 tazas de agua, el jugo de naranja, el azúcar y la canela en una olla **(2)** y cocine a fuego lento, durante 1 hora o hasta obtener un almíbar espeso.

Por último, añada las naranjas escurridas **(3)** y cocine hasta que absorban parte del almíbar. Déjelas enfriar y sírvalas.

1

2

3

Tiempo de realización: 2 horas — Calorías por ración: 333

Corona de crema

Ingredientes para 4 personas:

3 tazas de leche
1 ramita (astilla) de canela
4 huevos
1 lata pequeña de leche condensada
1 cucharada de mantequilla
500 g de fresones (fresas, frutillas) pequeños
100 g de chocolate fundido
50 g de azúcar

Vierta la leche en un cazo, agregue la canela y cocine a fuego lento durante 5 minutos, con cuidado para que no se derrame. Retírela del fuego y déjela enfriar ligeramente.

Mientras tanto, bata los huevos. Cuando la leche esté tibia, retire la canela e incorpore los huevos batidos junto con la leche condensada. Revuelva todo bien hasta conseguir una mezcla homogénea.

A continuación, engrase un molde con la mantequilla, vierta en él el preparado anterior y cocínelo al baño María, en el horno, durante 40 minutos o hasta que esté cuajado. Retire del horno y deje enfriar.

Seguidamente, escoja unos fresones pequeños y sumerja las puntas en el chocolate fundido. Déjelos enfriar para que el chocolate se solidifique y haga un puré con los restantes fresones, endulzándolo con el azúcar.

Por último, desmolde la corona, vierta en el centro el puré de fresón y decore con los fresones con chocolate.

Si le resulta complicado sumergir los fresones en el chocolate, puede rociar la corona y los fresones con el chocolate derretido, dejándolo caer en forma de hilo.

Tiempo de realización: 55 minutos **Calorías por ración: 387**

Receta Rápida

Delicias de limón

Ingredientes para 4 personas:

3 cucharadas de gelatina en polvo con sabor a limón
1/3 taza de agua hirviendo
Una pizca de ralladura de limón
1 cucharada de zumo (jugo) de limón
1 clara de huevo
100 g de moras
1 1/2 cucharaditas de maicena (fécula de maíz)
2 cucharadas de agua fría
Unas gotas de esencia de vainilla
Edulcorante

Ponga en un cuenco la gelatina, rocíela con el agua hirviendo y disuélvala. Añada agua fría hasta obtener 2 tazas, mezcle bien e incorpore la ralladura y el zumo de limón. Revuelva todo e introdúzcalo en el frigorífico hasta que la gelatina esté casi cuajada.

A continuación, retire el cuenco del frigorífico, vierta la gelatina en la batidora eléctrica, agregue la clara de huevo y bata todo durante 2 minutos hasta obtener una mezcla ligera y espumosa. Viértala en moldes individuales e introdúzcala de nuevo en el frigorífico hasta que esté cuajada.

Mientras tanto, machaque parte de las moras. Mezcle en un cuenco la maicena y las 2 cucharadas de agua fría, añádalas a las moras machacadas y cocínelas, sin dejar de revolver, hasta que la mezcla esté espesa. Retire la salsa del fuego y agregue la esencia de vainilla y el edulcorante al gusto.

Por último, desmolde las delicias de limón y sírvalas acompañadas con la salsa preparada y las moras restantes.

Tiempo de realización: 20 minutos	Calorías por ración: 78

Receta Rápida

Empanadillas de crema

Ingredientes para 8 personas:

500 ml de vino blanco
1 cucharada de azúcar
1 cucharada de manteca de cerdo (cochino, chancho)
1 cucharadita de levadura de panadería
250 g de harina
100 g de mantequilla
250 g de crema pastelera (ver receta de Brazo de gitano)
3 cucharadas de azúcar glass (glacé, impalpable)
Una pizca de sal
Aceite para freír

Vierta en un cazo el vino, un vasito de agua, la sal, el azúcar y la manteca. Póngalo al fuego y cuando comience a hervir, retírelo, déjelo enfriar y agregue la levadura, disolviéndola.

A continuación, ponga la harina en un recipiente grande, añada el preparado anterior y mezcle todo hasta formar una masa. Extiéndala con un rodillo y cúbrala con la mitad de la mantequilla. Dóblela, extiéndala de nuevo con el rodillo y repita la operación.

Seguidamente, corte la masa en discos de 6 o 7 cm. Ponga una cucharadita de crema pastelera en el centro de cada disco, pliéguelos por la mitad y selle los bordes presionando con los dedos.

Por último, fría las empanadillas en abundante aceite caliente, pero no humeante, hasta que estén bien doradas. Retírelas con una espumadera y colóquelas sobre una rejilla. Antes de servir, espolvoréelas con el azúcar glass y colóquelas en una fuente.

Tiempo de realización: 40 minutos	Calorías por ración: 374

Receta Rápida

Flanes de manzana

Ingredientes para 4 personas:

✓ *2 manzanas reineta*
✓ *5 cucharadas de azúcar*
✓ *4 huevos*
✓ *250 ml de leche descremada*
✓ *1 cucharada de margarina vegetal*
✓ *2 kiwis*
✓ *3 cucharadas de nata (crema de leche) líquida*
✓ *2 cucharadas de vodka*

1

2

3

Pele las manzanas, quíteles el corazón, córtelas en trocitos y cocínelas durante 10 minutos en una cacerola pequeña con 1 cucharada de azúcar y un chorrito de agua. Viértalas en un plato y macháquelas con un tenedor **(1)**.

Bata los huevos junto con el azúcar restante hasta que queden espumosos. Incorpore la leche y mezcle todo bien.

A continuación, engrase 4 flaneras individuales con un poco de margarina. Mezcle el puré de manzana con la cuarta parte del batido de huevos y repártalo en las flaneras. Termine de llenarlas con el batido restante **(2)**, tápelas con papel de aluminio y cocínelas al baño María durante 20 minutos o hasta que estén cuajadas. Déjelas enfriar.

Seguidamente, pele los kiwis, córtelos en trozos y póngalos en el vaso de la batidora **(3)**, junto con la nata y el vodka. Bata todo hasta obtener una crema fina.

Por último, desmolde los flanes sobre platos de servir, cúbralos con la salsa preparada y sírvalos, decorándolos con chocolate o al gusto.

Tiempo de realización: 40 minutos **Calorías por ración: 279**

Receta Rápida

Frutas con natilla

Ingredientes para 4 personas:
500 ml de vino tinto
Un trozo de cáscara de limón
100 g de azúcar
1 clavo de olor
1 ramita (astilla) de canela
4 ciruelas (claudias) amarillas peladas
8 ciruelas (claudias) rojas peladas
200 g de cerezas (guindas, picotas)
3 melocotones (duraznos) pelados
1 taza de natilla
Almendras picadas

Ponga en una cacerola el vino junto con la cáscara de limón, el azúcar, el clavo de olor y la canela. Revuelva todo para que el azúcar se disuelva y cocine a fuego lento durante unos minutos, sin dejar de mover con una cuchara de madera.

A continuación, incorpore las frutas y cocine durante 10 minutos. Retire las ciruelas y las cerezas de la cacerola y cocine los melocotones durante 10 minutos más. Retire las frutas del vino y déjelas enfriar. Corte los melocotones en gajos.

Seguidamente, cubra el fondo de 4 platos con una fina capa de natilla. Distribuya sobre ella las frutas, espolvoréelas con las almendras picadas y sírvalas templadas.

Si quiere dar a este plato un toque diferente, espolvoréelo con azúcar glass e introdúzcalo en el horno con el gratinador encendido. Tomará un bonito color dorado.

Tiempo de realización: 35 minutos	Calorías por ración: 287

Receta Rápida

Gaznates

Ingredientes para 6 personas:

✓ *6 yemas de huevo*
✓ *1 cucharada de brandy (cognac)*
✓ *Harina de trigo*
✓ *1 cucharada de manteca de cerdo (cochino, chancho)*
✓ *Abundante aceite vegetal para freír*
✓ *300 g de dulce de leche (leche condensada cocida)*

Bata las yemas en un cuenco hasta que queden blanquecinas y espumosas; añada el brandy, mézclelo todo y agregue harina, poco a poco, hasta obtener una masa que no se pegue a las manos. Derrita la manteca, incorpórela a la masa y trabájela unos minutos más.

Seguidamente, extienda la masa con el rodillo sobre una superficie enharinada hasta conseguir una lámina fina y corte, con un cuchillo o un cortador de pasta, rectángulos de 6 x 4 cm **(1)**.

A continuación, humedezca dos esquinas de cada rectángulo, en diagonal, y únalas presionando con los dedos para que se adhieran bien.

Caliente el aceite en una sartén grande al fuego, fría los gaznates hasta que estén bien dorados **(2)** y retírelos con una espumadera.

Por último, déjelos enfriar, rellénelos con el dulce de leche **(3)** y sírvalos.

1

2

3

Tiempo de realización: 30 minutos	Calorías por ración: 300

Receta Rápida

Gelatina con frutas

Ingredientes para 6 personas:

150 g de azúcar
5 yemas de huevo
2 cucharadas de maicena (fécula de maíz)
500 ml de zumo (jugo) de ciruelas (claudias)
1 sobre de gelatina de limón en polvo
Unas gotas de colorante alimenticio verde

Para el relleno:

La pulpa de medio melón cortada en bolitas
2 melocotones (duraznos) cortados en cubitos
250 g de moras (zarzamoras)
150 g de frambuesas (frutillas)
2 cucharadas de azúcar
1 copa de ron

Mezcle en una cacerola el azúcar y las yemas de huevo. Agregue la maicena y la mitad del zumo de ciruela, revuelva todo bien y cocine, sin dejar de revolver, hasta que se forme una crema, procurando que no hierva en ningún momento. Aparte la crema del fuego y resérvela.

A continuación, disuelva la gelatina en un poco de zumo e incorpórela a la crema preparada junto con el zumo restante y el colorante. Mezcle todo bien, vierta la mezcla en un molde de corona y déjela en el frigorífico hasta el día siguiente, para que esté bien cuajada.

Al día siguiente, prepare todas las frutas, mézclelas con el azúcar y el ron y déjelas macerar durante 2 horas.

Por último, desmolde la gelatina, rellene el hueco central con las frutas y decórela al gusto antes de servir.

Tiempo de realización: 30 minutos **Calorías por ración: 213**

Receta Rápida

Huevos Princesa

Ingredientes para 8 personas:

- ✓ *6 yemas de huevo*
- ✓ *1 cucharadita de levadura en polvo (polvo de hornear)*
- ✓ *1 cucharada de mantequilla*
- ✓ *1 taza de agua*
- ✓ *1 taza de azúcar*
- ✓ *Unas gotas de limón*
- ✓ *1 cucharada de uvas pasas (uvas secas)*
- ✓ *1 ramita (astilla) de canela*
- ✓ *10 almendras picadas*

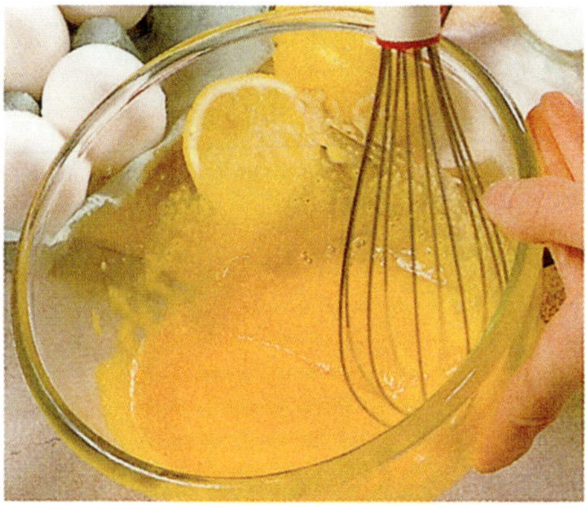
1

Ponga las yemas en un recipiente, añada la levadura y bata, con un batidor de varillas **(1)**, hasta que doblen su volumen.

A continuación, engrase un molde con la mantequilla, vierta en él los huevos batidos **(2)** y cocine al baño María hasta que se cuajen. Pínchelos con una aguja y si ésta sale seca y limpia, es que están cuajados. Deje enfriar y desmolde.

2

Mientras tanto, ponga en un recipiente al fuego el agua, el azúcar y el zumo de limón y cocine, a fuego lento y revolviendo suavemente, hasta que se forme un almíbar.

A continuación, corte los huevos cuajados en trozos y póngalos en una fuente de servir. Añada las pasas, la canela y las almendras y rocíe todo con el almíbar para que se empapen bien **(3)**.

3

Tiempo de realización: 35 minutos	Calorías por ración: 131

Magdalenas

Ingredientes para 6 personas:
100 g de mantequilla ablandada
100 g de azúcar
La ralladura de 1 limón
2 huevos
100 g de harina
1 cucharadita de levadura en polvo (polvo de hornear)

Trabaje la mantequilla junto con el azúcar, hasta obtener una crema suave y esponjosa.

A continuación, agregue la ralladura de limón e incorpore los huevos, de uno en uno, batiendo entre cada adición.

Seguidamente, añada, poco a poco, la harina tamizada con la levadura, mezclando delicadamente.

Por último, llene las 2/3 partes de unos moldecitos de papel con la masa. Coloque los moldecitos en una placa y cocínelos en el horno, precalentado a 180° C (350° F), durante unos 20 minutos, hasta que las magdalenas estén bien doradas. Retírelas del horno y déjelas enfriar.

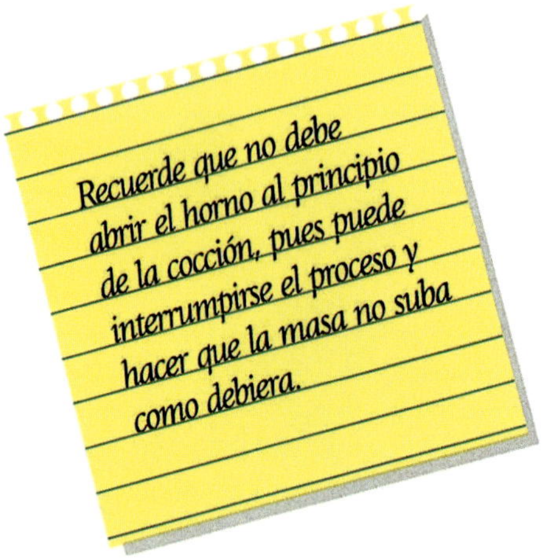

Tiempo de realización: 40 minutos | **Calorías por ración: 256**

Receta Rápida

Mousse de manzana

Ingredientes para 4 personas:

500 g de manzanas
3 cucharadas de agua
3 cucharaditas de gelatina en polvo
1 1/4 tazas de zumo (jugo) de naranja natural
Edulcorante artificial
1 o 2 gotas de colorante alimenticio verde (opcional)
Una pizca de nuez moscada en polvo
1 clara de huevo

Retire los corazones de las manzanas, córtelas en trozos, reservando algunos para la decoración, y cocínelas en el agua durante 10 minutos.

Mientras tanto, disuelva la gelatina en un poco del zumo de naranja caliente.

Cuando las manzanas estén cocidas y tibias, viértalas en la batidora junto con la gelatina disuelta, el resto del zumo y el edulcorante al gusto. Ponga la mezcla en un molde de cubitos de hielo e introdúzcala en el congelador hasta que empiece a cuajarse.

A continuación, bata la clara de huevo a punto de nieve. Retire el puré de manzana del congelador y bátalo hasta que esté espumoso. Añádale el colorante alimenticio, la nuez moscada y la clara de huevo previamente batida a punto de nieve, e introduzca la mousse de nuevo en el congelador hasta que esté firme pero no sólida.

Por último, viértala en copas, decore éstas con los gajos de manzana reservados y sírvala.

Tiempo de realización: 25 minutos   Calorías por ración: 124

Nidos sorpresa

Ingredientes para 4 personas:

3 claras de huevo
125 g de azúcar glass (glacé, impalpable)
Una pizca de sal
Unas gotas de zumo (jugo) de limón
2 naranjas
2 kiwis
250 g de frambuesas (frutillas)
1 taza de crema pastelera o natilla

Ponga las claras en un cuenco y bátalas con una batidora manual o eléctrica. Cuando comiencen a estar espumosas y blanquecinas, agregue 100 g de azúcar, una pizca de sal y el zumo de limón, y continúe batiendo hasta que las claras estén a punto de nieve bien firme.

A continuación, ponga el merengue en una manga pastelera con boquilla rizada y forme los nidos separados entre sí, sobre una placa de horno, previamente engrasada. Espolvoréelos con el azúcar restante y cocínelos en el horno, precalentado a 120° C (250° F), durante dos horas. Retírelos del horno y déjelos enfriar.

Mientras tanto, pele las naranjas y separe los gajos sin la piel que los recubre. Pele los kiwis, córtelos en rodajas y trocee éstas. Lave las frambuesas y escúrralas muy bien. Reparta la crema pastelera en el fondo de los nidos y coloque las frutas encima de forma decorativa.

Tiempo de realización: 2 horas 30 minutos **Calorías por ración: 404**

Receta Rápida

Peras en hojaldre

Ingredientes para 4 personas:

1 l de agua
1/2 limón
1 rama de hierbabuena
2 peras peladas
1 cucharada de uvas pasas (uvas secas)
1 cucharada de miel
1 plancha de hojaldre descongelado
1 yema de huevo
1 cucharadita de leche
2 cucharadas de yogur
Unas gotas de kirsch
2 cucharadas de mermelada roja
1 cucharada de zumo (jugo) de limón

Ponga una cacerola al fuego con el agua, el limón y la hierbabuena y cuando rompa el agua a hervir, agregue las peras peladas y cocínelas durante 3 minutos.

Mientras tanto, mezcle las pasas con la miel y reserve.

A continuación, estire la masa de hojaldre sobre una superficie enharinada. Corte las peras por la mitad, quíteles las semillas y el corazón y rellene el hueco con las pasas con miel. Coloque las peras boca abajo sobre el hojaldre y recórtelo, dejando un sobrante alrededor de 1 cm y formando el rabo de una pera y unas hojitas en la parte superior.

Seguidamente, bata la yema con la leche y barnice el hojaldre con la mezcla. Coloque el hojaldre sobre una placa de horno e introdúzcalo en el horno, precalentado a 180° C (350° F), durante 10 minutos o hasta que esté bien dorado.

Por último, coloque las peras en platos individuales. Mezcle el yogur con el licor, la mermelada y el zumo de limón, decore con esta mezcla los platos y sirva las peras calientes o frías.

Tiempo de realización: 25 minutos	Calorías por ración: 269

Receta Rápida

Postre de pomelos

Ingredientes para 4 personas:

2 o 3 pomelos (toronjas) grandes
1 1/2 cucharadas de gelatina en polvo sin sabor
2 yogures descremados
4 cucharadas de azúcar
2 claras de huevo
Unas hojitas de hierbabuena

Exprima los pomelos hasta obtener 400 ml de zumo. Diluya la gelatina en un poquito de éste, mézclela con el zumo restante e introdúzcala en el frigorífico hasta que comience a tomar consistencia pero sin llegar a cuajar completamente.

Mientras tanto, bata los yogures con el azúcar hasta que éste se disuelva. Bata las claras a punto de nieve y mézclelas con los yogures preparados, con movimientos envolventes.

Por último, cuando la gelatina esté medio cuajada, mézclela con el preparado anterior, vierta todo en copas individuales y déjelo enfriar nuevamente. Sirva el postre decorándolo, si lo desea, con gajos de pomelo y las hojitas de hierbabuena.

Este postre también puede decorarse rociando un poco de caramelo líquido sobre la superficie.

Tiempo de realización: 15 minutos	Calorías por ración: 127

Pudín de peras

Ingredientes para 4 personas:
- ✓ *2 peras grandes, peladas y cortadas por la mitad*
- ✓ *La cáscara de 1/2 limón*
- ✓ *1 ramita (astilla) de canela*
- ✓ *60 g de arroz*
- ✓ *500 ml de leche descremada*
- ✓ *30 g de azúcar morena*
- ✓ *1 cucharadita de azúcar de vainilla*
- ✓ *2 yogures*
- ✓ *1 sobre de gelatina de limón*

1

2

3

Ponga las peras en un cazo, cúbralas con agua, añada la cáscara de limón y la canela, y cocínelas durante 30 minutos **(1)** o hasta que estén tiernas. Retírelas del fuego y déjelas enfriar.

Vierta el arroz en un colador, mójelo con agua fría, póngalo en un cazo y agregue la leche, el azúcar y la vainilla. Ponga el cazo al fuego y cocine la mezcla revolviendo de vez en cuando durante 45 minutos o hasta conseguir una crema espesa. Apártelo del fuego, deje enfriar la crema de arroz y mézclela con los yogures. Vierta el preparado en un recipiente, preferiblemente de cristal, y alise la superficie **(2)**.

Escurra las peras, quíteles el corazón y córtelas en gajos finos. Colóquelos sobre el arroz y reserve.

Prepare la gelatina siguiendo las instrucciones del fabricante y déjela enfriar hasta que esté cremosa. Viértala sobre el postre **(3)** e introdúzcalo en el frigorífico hasta que esté cuajado.

Tiempo de realización: 1 hora 30 minutos — **Calorías por ración: 151**

Roscón de reyes

Ingredientes para 8 personas:
30 g de levadura de panadero
1/2 taza de leche templada
500 g de harina
50 g de mantequilla, previamente derretida
La ralladura de 1/2 limón
1 cucharadita de agua de azahar
Frutas escarchadas (confitadas) al gusto
250 g de nata montada (crema de leche batida)
1 figurita de cristal o porcelana, para la sorpresa

Disuelva la levadura en la leche templada y reserve. Ponga la harina en un recipiente, haga un hueco en el centro y vierta en él la levadura disuelta en la leche, la mantequilla derretida, la ralladura de limón y el agua de azahar. Mezcle todo cuidadosamente y amáselo con las manos hasta obtener una masa homogénea. Haga una bola, colóquela en un recipiente previamente enharinado, tápelo y deje reposar durante 30 minutos en un lugar templado.

A continuación, voltee la masa, golpeándola varias veces contra la mesa, déle forma de corona y colóquela sobre una placa de horno.

Seguidamente, introduzca por uno de los lados la sorpresa y decore toda la superficie con las frutas escarchadas. Introduzca el preparado en el horno, precalentado a 180° C (350° F), durante 40 minutos, hasta que suba y esté dorado.

Por último, retire el roscón del horno, déjelo enfriar, córtelo por la mitad en sentido horizontal y rellénelo con la nata montada.

Tiempo de realización: 1 hora	Calorías por ración: 372

Receta Rápida

Sorbete de verano

Ingredientes para 4 personas:

350 g de fresones (frutillas)
150 g de frambuesas
100 g de moras
1 taza de leche
Azúcar
2 claras de huevo

Quite las hojitas verdes a los fresones y lávelos en un colador bajo un chorro de agua fría. Déjelos escurrir para que pierdan todo el agua y mientras tanto, lave las frambuesas y las moras.

A continuación, ponga en el vaso de la batidora los fresones, las frambuesas y las moras, dejando unas cuantas para la decoración. Incorpore la leche y azúcar al gusto y bata todo hasta obtener un puré suave. Vierta el puré obtenido en una bandeja metálica e introdúzcala en el congelador hasta que esté a medio cuajar.

Seguidamente, monte las claras a punto de nieve y mézclelas con cuidado con el puré de frutas. Introdúzcalo en el congelador de nuevo hasta que tome consistencia de helado sin olvidar removerlo varias veces durante el tiempo de cuajado.

Por último, retire la bandeja del congelador y sirva el helado decorándolo con las frutas reservadas.

Sustituya el azúcar por edulcorante artificial si desea que la receta tenga menos calorías.

Tiempo de realización: 15 minutos — Calorías por ración: 160

Receta Rápida

Tarta de moras

Ingredientes para 4 personas:

1 huevo
2 cucharadas de azúcar
1 cucharada de maicena (fécula de maíz)
1 taza de leche
200 g de moras (zarzamoras) hechas puré
El zumo (jugo) de media naranja
La ralladura de media naranja
2 cucharadas de gelatina de frambuesa en polvo
1 taza de nata (crema de leche) líquida
150 g de bizcochos de soletilla (soletas)
1 copa de licor

Para la decoración:
Nata montada (crema de leche batida)
50 g de moras (zarzamoras)

Bata el huevo con el azúcar y la maicena. Agregue la leche, poco a poco, y cocine sin dejar de revolver para que no hierva hasta que se forme una crema. Cuele el puré de moras y agréguelo a la crema preparada junto con el zumo y la ralladura de naranja.

A continuación, disuelva la gelatina en 2 cucharadas de agua hirviendo. Reserve 2 cucharadas de la gelatina resultante y añada el resto a la crema.

Seguidamente, bata la nata e incorpórela al preparado. Introduzca éste en el frigorífico durante 1 hora.

Por último, cubra el fondo de un molde desmontable con la gelatina reservada y fórrelo con los bizcochos empapados en el licor. Trocee los bizcochos restantes y llene el molde, alternando con la crema preparada. Ponga el molde en el frigorífico hasta el momento de servir. Desmolde la tarta y decórela con la nata y las moras.

Tiempo de realización: 30 minutos	Calorías por ración: 379

Tarta de peras

Ingredientes para 8 personas:
2 huevos
100 g de azúcar
100 g de mantequilla derretida
100 g de harina
Una pizca de sal
1 cucharadita de levadura en polvo (polvo de hornear)
3 peras medianas
1 manzana

Para la decoración:
2 peras
Un trozo de cáscara de limón
1 cucharada de azúcar
100 g de mermelada de albaricoque (chabacano)
1 cucharadita de zumo (jugo) de limón
1 hoja de gelatina sin sabor

Bata los huevos junto con el azúcar en un cuenco grande, hasta obtener una mezcla blanquecina y espumosa. Incorpore la mantequilla derretida, revuelva bien y agregue la harina mezclada con la sal y la levadura. Bata todo hasta conseguir una crema homogénea.

A continuación, pele las peras y la manzana, retire los corazones y córtelas en rebanadas finas. Añádalas a la crema preparada y mezcle todo con cuidado.

Seguidamente, engrase un molde con mantequilla, vierta en él la mezcla preparada y cocínela en el horno, precalentado a 180° C (350° F), durante 1 hora. Desmóldela y déjela enfriar.

Mientras tanto, pele las peras de la decoración, córtelas por la mitad, retire los corazones y cocínelas en agua hirviendo con la cáscara de limón y el azúcar durante 15 o 20 minutos, hasta que estén tiernas. Retírelas del agua, córtelas en rebanadas finas y colóquelas sobre la tarta.

Por último, caliente la mermelada con el zumo de limón y la hoja de gelatina, hasta que esta última se disuelva, deje enfriar y bañe la tarta con este preparado.

Tiempo de realización: 1 hora 40 minutos	Calorías por ración: 304

Tarta de Santiago

Ingredientes para 10-12 personas:
✓ *125 g de mantequilla*
✓ *4 huevos*
✓ *4 cucharadas de agua*
✓ *La ralladura de 1 limón*
✓ *250 g de azúcar*
✓ *175 g de harina*
✓ *250 g de almendras molidas*

Para la decoración:
✓ *1 cucharada de azúcar glass (glacé, impalpable)*

1

Unte con mantequilla un molde y enharínelo ligeramente. En un cazo derrita la mantequilla al baño María.

Bata en un cuenco los huevos junto con el agua, hasta obtener una mezcla suave y esponjosa. Agréguele la ralladura de limón y el azúcar **(1)**. Incorpore la mantequilla derretida y templada, y continúe batiendo unos minutos más hasta que todos los ingredientes formen una masa homogénea. Añada, poco a poco, la harina previamente tamizada **(2)** y las almendras molidas, y mezcle delicadamente.

2

A continuación, vierta la masa preparada en el molde **(3)** y cocine en el horno precalentado a 180° C (350° F), durante 40 minutos. Retírela del horno, déjela enfriar 5 minutos y desmóldela.

Por último, decore la tarta con el azúcar glass y, si lo desea, sírvala acompañada de salsa de frambuesa o nata batida.

3

Tiempo de realización: 1 hora | Calorías por ración: 328

Tarta tutti fruti

Ingredientes para 6 personas:

Para el bizcocho:

✓ *80 g de mantequilla*
✓ *100 g de azúcar*
✓ *2 huevos*
✓ *75 g de harina mezclada con 1 cucharada de levadura en polvo (polvo de hornear) y la ralladura de 1 naranja*
✓ *100 g de albaricoques (chabacanos) secos, picados*
✓ *50 g de frutas escarchadas (confitadas) picadas*

Para la crema de mantequilla:

✓ *75 g de mantequilla*
✓ *150 g de azúcar glass (glacé, impalpable)*
✓ *1 cucharada de zumo (jugo) de naranja*

Para la decoración:

✓ *Unas rodajas de naranja*
✓ *Unas cerezas (guindas) confitadas*

1

2

3

Bata enérgicamente la mantequilla con el azúcar. Agregue los huevos, sin dejar de batir hasta que la mezcla esté esponjosa, e incorpore la harina con la levadura y la ralladura. Cuando la mezcla esté homogénea, añada las frutas **(1)**. Unte con mantequilla un molde redondo, cubra la base con papel vegetal y vierta la masa. Introduzca el preparado en el horno, precalentado a 180° C (350° F), durante 50 minutos. Desmóldelo sobre una rejilla y déjelo enfriar.

Prepare la crema de mantequilla: trabaje la mantequilla con el azúcar glass y el zumo de naranja **(2)** hasta obtener una crema homogénea.

Cuando el bizcocho esté frío, colóquelo sobre una fuente y cúbralo con la crema de mantequilla. Adorne la tarta con la naranja **(3)** y las cerezas e introdúzcala en el frigorífico, hasta el momento de servir.

Tiempo de realización: 1 hora	Calorías por ración: 357

ÍNDICES

Por platos

Por minutos de elaboración

Por calorías

Alfabético

Platos para invitados

ÍNDICE POR PLATOS

ENTRANTES

ÍNDICE POR PLATOS

PESCADOS Y MARISCOS

CARNES Y AVES

POSTRES Y DULCES

ÍNDICE POR MINUTOS DE ELABORACIÓN

ÍNDICE POR MINUTOS DE ELABORACIÓN

ÍNDICE POR CALORÍAS

ÍNDICE POR CALORÍAS

DE 301 A 400

DE 401 A 410

ÍNDICE ALFABÉTICO

ÍNDICE ALFABÉTICO

PLATOS PARA INVITADOS